Zu diesem Buch

Immer mehr Menschen entdecken, daß die Astrologie tiefe Einsichten in die eigene Seele zu geben vermag, doch sie stehen dann hilflos vor dem eigenen Horoskop, weil sie die Bedeutung der Sternzeichen, Planeten, Häuser und Konstellationen nicht entschlüsseln können. Marcus Allen bietet in diesem Buch eine Einführung für den Anfänger und zeigt ihm, wie er die Erkenntnisse dieser alten Wissenschaft für den eigenen Weg der Selbstentfaltung und Persönlichkeitsentwicklung anwenden kann. Er erklärt, wie man sein Horoskop berechnet und dann deutet, Stärken und Schwächen feststellt und gegensätzliche innere Kräfte ausgleicht. Allen bietet fern allen dogmatischen Schulen eine ganzheitliche Darstellung der Astrologie. Vom Schweizer Astrologenbund empfohlen.

Marcus Allen schloß 1968 mit Phi-Beta-Kappa sein Studium an der Universität von Minnesota ab. Er verbrachte einige Zeit bei einem professionellen Wandertheater, ehe er sich ganz dem Studium der östlichen Philosophie und dem Yoga, dem Zen-Buddhismus und dem tibetischen Buddhismus am Nyingma-Meditationszentrum in Berkeley, Kalifornien, widmete. Seit dreizehn Jahren versucht er mit seinen Büchern, seiner Musik und seinen Seminaren, die Lehren und Praktiken des Ostens dem westlichen Publikum zugänglich zu machen. Er lebt in Mill Valley, Kalifornien.

In der Reihe «rororo transformation» erschien von ihm bereits «Tantra für den Westen» (8392)

Marcus Allen

Astrologie für das Neue Zeitalter

Aus dem Amerikanischen übertragen von Eva Keller-Dietrich

rororo

transformation

rororo transformation
Herausgegeben von Bernd Jost
und Jutta Schwarz

Umschlaggestaltung: Peter Keller
Illustration: Stefan Kiefer

Veröffentlicht im Rowohlt Taschenbuch Verlag GmbH,
Reinbek bei Hamburg, Oktober 1988
Lizenzausgabe mit freundlicher Genehmigung der
Werkstatt-Edition Axel Dietrich Verlag

Die amerikanische Originalausgabe erschien unter dem Titel
«Astrology for the New Age»

Satz Trump Mediaeval (Linotron 202)
Gesamtherstellung Clausen & Bosse, Leck
Printed in Germany
880-ISBN 3 499 18517 2

Inhalt

*Gewidmet den Kindern
des Neuen Zeitalters*

Besonderen Dank an

Mac Pierce für den dreitägigen Astrologieschnellkurs,
als wir zum erstenmal nach Kalifornien fuhren;
Joel Schwartz, der mir beibrachte,
wie man Horoskope berechnet;
Lee Duvlean, der mir zeigte, wie man auf ganz
einfache Art ein Horoskop aufstellt;
David Lueck für seine Wassermanndeutungen;
Abraham für seine Planetenläufe und seine
Begeisterung;
Lama Tarthang Tulku für sein Verständnis
und sein Interesse an der Astrologie;
Shakti Gawain für ihre Unterstützung
und Ermutigung – und dafür,
daß sie mir den Freiraum läßt,
wenn ich ihn benötige;
meinem geistigen Führer für seine Einsicht,
Klarheit und Anwesenheit.

Ein Wort…

Ich hoffe, mit diesem Buch für die Astrologie das zu leisten, was für mein Empfinden Eden Gray in ihrem schönen Buch *The Tarot Revealed* für das Tarot getan hat. Ich möchte auch Anfängern genügend Orientierung und Anleitung geben, damit sie die Werkzeuge dieser alten, tiefgründigen Lehre sinnvoll anwenden können und sie sich in kürzester Zeit aneignen.

Und mehr noch: Ich wünsche mir, daß wir sinnvolle Mittel entdecken, um nicht nur unser eigenes Leben zu verändern, sondern um ebenso die Umgestaltung des ganzen Planeten zu meistern. Ich beabsichtige, dieses Buch nötigenfalls zu bearbeiten, bis diese Ziele erreicht sind.

Für Eure Unterstützung bin ich dankbar. Schreibt mir über den Herausgeber!

Marcus

Göttlicher Meister,
sei mein Führer
sei mein Licht
sei meine Stimme
Mögen deine Worte der Wahrheit
durch dieses Gefäß fließen
Mögen deine Worte der Wahrheit
durch mich sprechen
Göttlicher Meister,
sei mein Führer
sei mein Licht
sei meine Stimme

Vorwort zur deutschen Ausgabe

Ich freue mich, daß «Astrologie für das Neue Zeitalter» jetzt ins Deutsche übersetzt und damit den deutschsprachigen Lesern zugänglich gemacht wird. Meine Vorfahren waren nämlich Deutsche – genauer gesagt, die Vorfahren väterlicherseits Deutsche und die Vorfahren mütterlicherseits Norweger. Und schon seit langem halte ich Deutschland für einen bedeutenden Mittelpunkt der westlichen Welt auf geistigem und musischem Gebiet und in den Bereichen der Intuition und Spiritualität.

Ich wurde gefragt, ob ich ein Vorwort für die deutsche Ausgabe schreiben wolle. Um ehrlich zu sein, fällt mir nichts ein, was ich dem Buch oder im besonderen dieser Ausgabe hinzufügen könnte. Es erscheint mir in sich geschlossen. Ich habe, glaube ich, erreicht, was ich mir wünschte, als ich dieses Buch schrieb: Ich wollte das Werkzeug dieser alten Kunst und Erkenntnislehre, die wir Astrologie nennen, einem breiten Publikum an die Hand geben.

Ich hoffe, Ihr habt Freude an diesem Buch, denn es soll vor allem Freude bereiten. Und es soll Euch zum Spielen und Experimentieren anregen – und vielleicht auch inneren Gewinn bringen.

Mögen sich Eure Hoffnungen und Wünsche erfüllen!

Marcus Allen
Mill Valley, California, USA
September 1981

Vorwort

Astrologie zu Beginn eines Neuen Zeitalters – *eine intuitive Einführung.*

Neue Entdeckungen verändern unser Denken, verändern unser Bewußtsein... Auf unserem rationalen, geradlinigen Weg haben wir schließlich entdeckt, daß es andere Wege gibt, um Wissen zu erlangen – andere Wege, um zu lernen und zu wachsen... Ein Bewußtseinswandel findet auf allen Ebenen statt, zu denen sich unmittelbare Kanäle öffnen –

«Eure Alten werden in die Zukunft blicken,
und eure Kinder werden träumen.»

Dieses Buch soll man nicht linear benutzen.

Jeder Abschnitt ruht auf seine Art vollständig in sich selbst. Nimm von allem so viel auf, wie du möchtest. Dies ist eine Einführung in die Astrologie, die sich von den meisten anderen durch ihre Unmittelbarkeit unterscheidet – sie versucht, den rationalen Verstand möglichst wenig miteinzubeziehen und möglichst viele unmittelbare Kanäle zu öffnen...

Versuche nicht, alle Aussagen in diesem Buch auf einmal zu erfassen. Greif dir nur eine Stelle heraus, beschäftige dich damit, indem du es so stark wie möglich einwirken läßt... indem du möglichst viele Bilder, freie Assoziationen und Erinnerungen auftauchen läßt...

Dieses Buch zeigt dir mehrere verschiedene Schlüssel – Schlüssel, um Astrologie als Ganzes zu verstehen. Beschäftige dich mit allen! Entspanne! In jedem von uns steckt weit mehr Wissen – volle Speicher unmittelbaren Wissens und Verstehens –, als wir mit unserem Verstand erfassen können. Und alles, was wir zu tun brauchen, um mit diesem Wissen in Verbindung zu treten, ist, uns zu entspannen und es auftauchen zu lassen.

Die Wahrheit ist in dir.

Vorrede

In der Überlieferung, die aus dem mystischen Land Tibet zu uns kam, heißt es, daß Manjushri, die Verkörperung der Weisheit, den Menschen vergangener Zeiten die Erkenntnislehre und Kunst der Astrologie brachte als Werkzeug auf dem Weg der Erkenntnis.

Aber die Menschen mißbrauchten die Astrologie – sie wurde zum begrenzten Spiel, zum Zeitvertreib, anstatt ein Hilfsmittel zu sein für das *Dharma*, für ‹Worte der Wahrheit›, für Wachstum und Verstehen, alle Grenzen überschreitend. Darum nahm Manjushri den Menschen die Astrologiebücher weg und versteckte sie in einer Höhle, bis zu der Zeit, wo die Menschen bereit sein würden, die Lehren sinnvoll anzuwenden...

Viel später dann trat ein Mann namens Padma Sambhava (das bedeutet «der Lotosgeborene») in der Geschichte Tibets in Erscheinung. Padma Sambhava ist der große Lehrer und schlaue Zauberer, der Vater des Tantra, der den Vajrayana – tantrischen Buddhismus – im 8. Jahrhundert nach Tibet brachte.

Padma Sambhava betete inbrünstig zu Manjushri, rief ihn herbei und bat ihn um die astrologischen Texte. Er betete dafür, daß die Menschen dieses Mal bereit seien, ihr Wissen zu ihrem Besten zu nutzen. Manjushri erhörte das Gebet und sagte ihm, wo die Texte versteckt waren. So konnte Padma Sambhava die Menschen in Tibet wieder in die alte, intuitive Lehre der Astrologie einführen.

Und jetzt sind schließlich, zu Beginn des Neuen Zeitalters, die Lehren Padma Sambhavas in den Westen gekommen, gerade so wie die Wege des Westens in den Osten gekommen sind.

Jetzt zu Beginn des Wassermannzeitalters ist es an der Zeit, Astrologie wiederzuentdecken, in ihr ein mächtiges und wertvolles Werkzeug zu sehen, das dem inneren Wachstum dient und dazu, Licht und Liebe in der Welt, in den Galaxien, überall, wo wir hinkommen, zu verbreiten.

Eine Einführung

Wassermannastrologie zu Beginn eines neuen Zeitalters...

Astrologie bedeutet auch, sich das Sonnensystem vorzustellen und mehr noch...Es ist eine unendliche Folge von Kreisbahnen ...Kreis um Kreis...

Eine der interessantesten Bahnen, die in der Astrologie dargestellt werden, ist die ‹große Bewegung› des ‹großen Zeitalters›: die Präzession des Equinox. Das vollständige Durchlaufen aller zwölf Zeichen dauert 26000 Jahre – 2166 Jahre für jedes Zeichen...(Das sind 72 Jahre für einen Grad der Präzession – die Länge unseres Lebens.)

Gerade jetzt befinden wir uns am Wendepunkt von zwei der tiefgründigsten Zeichen – wir bewegen uns vom Fischezeitalter ins Wassermannzeitalter. Die Häuserspitzen sind die tiefsten Punkte in einem Horoskop: Sie sind die Plätze der Umwandlung, wo ein Zeichen sich ins nächste verwandelt.

Soviel ich weiß, kennt niemand den genauen Beginn des Fischezeitalters, aber es wird mindestens bis zur Zeit Christis vor 2000 Jahren zurückverfolgt.

Fische ist das letzte, tiefste Zeichen...das Zeichen des Endes, der Vollendung eines Kreislaufs...völligen, tiefen Verstehens ...vollkommener Wirklichkeit: vollkommener Leere (Shunyata – schimmernde Leere)...beherrscht von den Energien Neptuns, des Visionärs, und Plutos, des Jenseitigen...

Das Fischezeitalter begann damit, daß die Welt Christus gekreuzigt hat, und findet ein Ende mit der Atombombe und der Möglichkeit globaler Vernichtung...

Das Wassermannzeitalter ist das Zeitalter des nahenden Lichts

…das Licht des Verstehens. Wassermann ist der Wasserträger, der die Erde mit geistigem Bewußtsein nährt und heilt…es ist das Zeitalter, das von der Energie des Planeten Uranus beeinflußt wird. Uranus ist der Erleuchter, der Erfinder, der Erwecker…Er ist unbeständig, spontan, unberechenbar…

Das Wassermannzeitalter ist die Zeit, zu der die Menschheit wieder völlig mit höherer Intelligenz und göttlichen Kräften in Verbindung steht – das Symbol des Wassermanns ist der Engel und auch der Wasserträger…

Neue Pforten der Wahrnehmung öffnen sich…neue Bewußtseinsebenen werden erfahren…alte Wahrheiten tauchen wieder auf…intuitive Erkenntnislehren tauchen wieder auf…das Verstehen, das über den rationalen Verstand hinausgeht, wird wieder entdeckt…der Kopf wird wieder mit dem Herzen vereint…die Menschlichkeit verschmilzt wieder mit ihrem Ursprung, mit ihrem Gott, mit ihrem Licht – die tiefe Wahrheit der tiefsten Ebenen des Seins.

Eine Bemerkung zum Stil

Ich benutze Punkte oder Abschnitte auf ungewöhnliche Art und Weise…Die meisten von uns lesen zu schnell, glaube ich – die Punkte sind ein Versuch, dir beim Langsamerwerden zu helfen …Jedesmal, wenn du zu drei Punkten kommst, mach eine Pause …schöpfe Atem…laß die Worte wirken…

Laß dir Zeit…du bist nicht in Eile…Dieses Buch soll dich nicht zum Schnellesen anleiten.

Entspann dich und genieß es!

Eine Frage

Warum beschäftigt man sich mit Astrologie? Was für einen Sinn hat die Deutung? Ein guter Grund ist, daß es Spaß macht.

Und ein anderer guter Grund ist, daß Astrologie uns unmittelbar öffnen kann... Sie kann eine sehr nützliche Hilfe sein, um deinen Weg zu finden... das Angesicht Gottes in dir zu sehen... und in anderen.

Jedes der zwölf Zeichen hat seine eigene, einzigartige Energie... seine besonderen Fähigkeiten... seinen eigenen Weg ... seine eigene Kraft. Alles ist Teil der Schönheit und Weite des Universums. Es gibt unbegrenzte Möglichkeiten – sie zeigen sich, wenn wir die Astrologie zu Hilfe nehmen... oder Tarot, Zen-Meditation oder Musik oder Tanz... oder *was auch immer.*

Jedes Horoskop ist ein Mandala – ein in sich vollständiger Kosmos... ein Plan des gesamten Universums. Die ‹Makrokosmos-Mikrokosmos›-Lehre ist brillant und sehr tief: *Wie oben, so unten. Wie unten, so oben.* Jedes Teilchen des Universums ist auf seine Art ein vollständiges Universum, stellt ein Bild des Ganzen dar. Im Atom spiegelt sich die Galaxie.

Wenn wir wollen, können wir das Horoskop als eine ganz ‹willkürliche› Zeichnung betrachten, auf einem Blatt Papier, mit dem wir uns beschäftigen, und schauen, welche Gedankenverbindungen aufsteigen... Wenn wir uns die Zeit nehmen zu schauen, wenn wir dieses Ritual vollziehen, fangen wir an, viele Dinge zu sehen ... Spiegel in Spiegeln... Das Horoskop ist ein Abbild des Menschen... der Mensch ein Abbild des Horoskops... das Horoskop ein Abbild des Universums... der Mensch ein Abbild des Universums... Alles ist eins...

Der Sinn der Deutung liegt darin, deinen eigenen Weg zu finden ... was auch immer das für dich bedeuten mag ... Jeder geht einen anderen Weg – jeder hat ein einzigartiges Horoskop.

Jedes Zeichen ist ein Antlitz Gottes ... jeder von uns entwickelt sich auf seine eigene, ganz besondere Art. Astrologie, vollkommen angewandt, kann diese Entwicklung widerspiegeln.

Der Ursprung der Astrologie

Als erstes stell dir vor...

Du lebst vor 10000 oder 50000 Jahren an einem schönen Platz dieses Planeten Erde...

Vielleicht hütest du Schafe oder schaust ganz einfach in ruhigen Nächten zu den Sternen... Du verbringst viele, viele Abende damit, in den klaren Nachthimmel zu schauen, und aus dem scheinbaren Chaos der Sterne entsteht eine Ordnung, ein Muster: Du nimmst die Sternbilder, die verschiedenen feststehenden Anordnungen aller Sterne, wahr... Du findest Namen für die Anordnungen, indem du ihre Umrisse und deren Bedeutungen beschreibst, Namen wie Orion der Jäger, der Skorpion und der Große Bär oder der Große Wagen...

Irgendwann bemerkst du die «Wanderer» oder die «Planeten» – die besonders hellen Sterne, die nicht zu irgendeinem Sternbild gehören, sondern durch den Nachthimmel wandern.

Dann stellst du fest, daß auch die Wanderer einem Muster folgen, einem Weg, auf dem sie im Osten aufgehen und im Westen untergehen, wie die Sonne am Tag. Jede Nacht sieht man die Wanderer vor dem Hintergrund eines bestimmten Sternbilds, aber über Wochen und Monate hinweg bewegen sie sich langsam und regelmäßig in andere Sternbilder... Wieviel sie alle etwa an derselben Stelle aufgehen und untergehen, ziehen die «Wanderer» – einschließlich des Mondes und auch der Sonne – durch die gleiche Kette von Sternbildern, in regelmäßiger Reihenfolge. Es sind gerade zwölf Sternbilder in der Kette, sie bilden einen geschlossenen Kreis über und unter der Erde – das ist der Zodiak – es ist der Hintergrund, auf dem wir die Planeten immer sehen. Die Namen dieser Sternbilder kennst du: Widder, Stier, Zwillinge usw. bis Fische – dann bist du wieder bei Widder...

Bald wird dir bewußt, daß die Planeten, die durch die Sternbilder ziehen, eine riesige, kosmische Uhr darstellen, mit der du die Zeit messen kannst.

Die Sonne braucht ein Jahr, um durch alle zwölf Zeichen des Zodiak zu wandern. Der Mond braucht nur einen Monat – der schnellste «Planet» von allen – deshalb ist er auch ein Symbol der Verwandlung... (Wenn man sich in der Astrologie mit den «Planeten» befaßt, gehören auch Sonne und Mond dazu.)

Jupiter braucht zwölf Jahre für einen vollständigen Durchlauf des Zodiaks... und Saturn braucht 28 oder 29 Jahre – Symbol für Alter, Zeit, Erfahrung... ein wichtiges Symbol der Entwicklungsstufen...

Mit ‹bloßem› Auge kannst du deutlich die sieben Planeten erkennen, die allen alten Völkern bekannt waren: Sonne, Mond, Merkur, Venus, Mars, Jupiter und Saturn.

Dann wird dir plötzlich das gleichmäßige, uhrähnliche Wesen der Planetenkreisläufe bewußt, du stellst jetzt Beziehungen her, die auch tatsächlich die alte, intuitive Lehre und Kunst der Astrologie hervorgebracht haben: Du bemerkst jetzt, daß sich Dinge entsprechen, die geschehen, wenn sich bestimmte Planeten in bestimmten Zeichen befinden. Dieses Phänomen bestätigt die tiefe Wahrheit, die Hermes Trismegistos zugeschrieben wird, der hochentwickelte astrologische Modelle zu Beginn des ägyptischen Zeitalters in den Westen gebracht haben soll:

Wie oben, so unten;
Wie unten, so oben.

Diese Beziehungen stellte man wahrscheinlich zuerst einmal zur Sonne her: Wenn sie in das Zeichen (oder Sternbild) Widder eintritt, gibt es den ersten Frühlingsausbruch... wenn sie in den Stier geht, verweilen wir in der Frühlingsmitte... wenn sie in die Zwillinge geht, gibt es wieder Veränderungen... unvorhersehbares Wetter... Wenn sie in den Krebs geht, ist der Sommer da... Mit dem Löwen begegnen wir der Hitze des Hochsommers... Mit der Jungfrau bemerken wir, daß sich Dinge wieder ändern... Mit der

Waage entfaltet sich der Herbst in seiner ganzen Pracht... Wenn die Sonne in den Skorpion geht, wird es stürmisch... Mit dem Schützen kommt die gute Stimmung der Vorweihnachtszeit ... Mit dem Steinbock kommt der Winter, und der erfordert wahrlich meisterliches Können... Mit dem Monat des Wassermanns betreten wir höhere Seinsebenen, wir machen Entwicklungssprünge... Mit dem Monat der Fische können wir die Kraft des Winters und seinen Tod erleben... Das tiefste mystische Bewußtwerden, jenseits von Worten...

So kannst du, wenn du beobachtest, wie die Sonne durch die Sternbilder wandert, das Jahr durch die Jahreszeiten erleben (und so auch Pläne machen)...

Innerhalb der monatlichen Wandlungen des Sonnenkreislaufs bemerkst du jetzt die feineren, schneller wechselnden Einflüsse des Mondkreislaufes – jeden Monat zieht er durch alle zwölf Zeichen des Zodiak.

Indem du den Mond und die anderen Planeten beobachtest und die Veränderungen feststellst, die in dir und um dich herum stattfinden, wenn der Mond und die andern Planeten die Zeichen wechseln, beginnst du, vielleicht unbewußt, diese Entsprechungen zu sammeln...

Die Astrologie wird geboren.

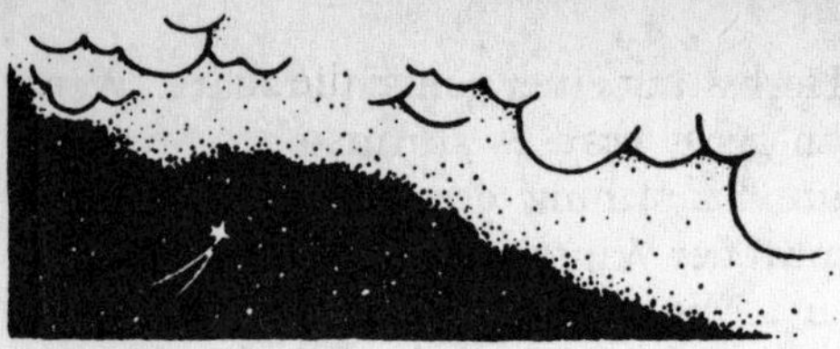

Die Symbole der Zeichen

Viele der Schlüssel, um Astrologie zu lernen, findet man in den Symbolen selbst... Es ist wie das Erfahren der Tarotkarten – die Bilder selbst sind die Lehrer und können mehr mitteilen als Tausende von Wörtern.

Betrachte die Symbole für jedes Zeichen und beschäftige dich damit... Es scheint vielleicht unerklärlich zu sein – aber laß einfach jedes Symbol in deine tieferen Seinsebenen versinken... Dort hat es viel Bedeutung für dich.

♈ **Widder...** das Symbol stellt den Kopf des Schafbocks dar – Symbol ausbrechender Energie...

♉ **Stier...** das Symbol stellt den Kopf des Stieres dar – Symbol der Kraft, der erdgebundenen Energie.

♊ **Zwillinge...** das Symbol ist die römische Zahl II – Symbol für das Wesen der Dualität, der Fähigkeit des Bewußtseins, Dualität wahrzunehmen und zu verstehen...

♋ **Krebs und Katze...** das Symbol stellt die Zangen des Krebses dar, oder es ist auch Symbol für die Brüste, über die es herrscht... Symbol geheimer Dinge, Symbol des weiblichen, ernährenden Prinzips.

♌ **Löwe...** das Symbol stellt das Haupt und die Mähne eines Löwen dar, Symbol lebendiger, kraftvoller Energie...

♍ **Jungfrau**...das Symbol stellt Materie dar, die zu sich selbst zurückkommt, sich selbst mit Energie versorgt – das M für Materie mit dem Schweif, der zu sich selbst zurückkommt – Symbol für Vollendung.

♎ **Waage**...das Symbol sind die Waagschalen Justitias, der Gerechtigkeit, Symbol des Gleichgewichts, der Ausgewogenheit und Bewußtheit aller Standpunkte.

♏ **Skorpion, Schlange und Adler**...das Symbol stellt die Materie dar, die in die Mystik versinkt – das M für Materie, der Schweif, der sich in schöpferischer Kraft entlädt...

♐ **Schütze**...das Symbol ist der Pfeil, Symbol für körperliche Bewegung, intellektuellen und spirituellen Flug...

♑ **Steinbock**...das Symbol stellt den Kopf des Steinbocks dar – Symbol für die Fähigkeit, auf der Erde zu springen...

♒ **Wassermann, der Wasserträger**...das Symbol stellt das Wasser des Lebens dar, Symbol geistiger Nahrung aus göttlichen Quellen.

♓ **Fische**...das Symbol zeigt die Köpfe zweier Fische, die sich anblicken – Symbol fließender Kräfte und ozeanischen Bewußtseins...

Jedes Zeichen hat seine Stärke

Jedes Zeichen hat eine besondere Kraft und Stärke!

Widder hat die Kraft des Schafbocks, Kraft, nach vorne zu drängen, Neues zu schaffen, die belebende Kraft von Mars, dem Erzeuger…

Stier hat die Kraft des Bullen, Kraft, Leben zu erhalten, die Kraft der Erde. Buddha war Stier (oft wird er dargestellt, wie er im Augenblick seiner Erleuchtung die Erde berührt).

Zwillinge haben die Stärke von zweien! Die Kraft des Geistes – die Fähigkeit, den Verstand zu gebrauchen, um Neues zu schaffen, zu analysieren, sich mitzuteilen. Die Kraft Merkurs, des Götterboten.

Krebs hat die Stärke des Krebses – unermüdlich, beharrlich, schnell – und die Stärke der Katze (ein anderes, höheres Symbol für Krebs) – bewußt, sinnlich, magisch, erleuchtet. Die Kraft des Mondes, Quelle der Intuition.

Löwe hat die Stärke des Löwen! Kraftvoll, bestimmend, schön. Die Kraft der Sonne, Quelle unserer Lebensenergie.

Jungfrau hat die Kraft einer Jungfrau – denk daran! –, die Kraft einer sehr jungen Frau mit einem lebendigen, kräftigen Körper, fähig zu dienen und zu heilen, schön und hoffnungsvoll. Die Kraft Merkurs, des Götterboten (und ich glaube, Jungfrau hat die Kraft eines weit entfernten und bis jetzt unentdeckten, namenlosen Planeten, der vielleicht einmal Symbol für erleuchtetes Dienen auf der Welt wird).

Waage hat die Macht der Waage der Gerechtigkeit – fähig, das Gleichgewicht herzustellen, alle Seiten zu sehen, alle Standpunkte abzuwägen. Die Kraft von Venus, der Geliebten – schön, bestimmend, anziehend.

Skorpion hat die Stärke des Skorpions ... der Schlange ... und des Adlers. Der Skorpion: heftig, gefürchtet, stechend; die Schlange: Heilkraft fließt durch den Körper; der Adler: der weitblickende Visionär, kraftvoll, begabt. Die Kraft des Mars – Stärke und Feuer – vereint mit der Kraft Plutos – des Entferntesten, Jenseitigen ...

Schütze hat die Kraft des Zentauren! In die Ferne gerichtet, schön, gesellig, kräftig. Die Kraft Jupiters – ewige Vervollkommnung und Überfluß.

Steinbock hat die Stärke des Steinbocks – die Kraft, Berge zu besteigen! Mit festem Schritt, stark, beharrlich, sicher. Die Kraft Saturns, des Planeten der Weisheit, die mit dem Alter wächst. Viele Meister waren Steinbock – auch Jeanne d'Arc.

Wassermann hat die Macht des Engels! Kraft, zu ernähren, zu erneuern, sich etwas vorzustellen: das Göttliche auf die Erde zu bringen ... Die Kraft von Uranus – des Erweckers, der uns zeigt, daß wir eins sind mit allem.

Fische haben die Stärke des Mystikers ... eines Fisches ... die Kraft Plutos, des Entferntesten, jenseitigen Planeten, fähig, die Tiefen unseres Bewußtseins, unseres Seins zu ergründen. Ich glaube, Christus war auch Fisch. (Fische waren schon immer Symbole für die mystischen Qualitäten der Tiefen des Ozeans. Der Fisch war ein frühes Symbol der Christenheit.)

Falls ich zu positiv erscheine…

Manchmal haben Menschen, wenn sie sich auf die Stärken der Zeichen konzentrieren, das Gefühl, daß dies zu positiv ist, daß wir auch die Schwächen miteinbeziehen sollten.

Ich stimme dem zu, daß jedes Zeichen seine charakteristischen Schwächen hat, aber ich betone auch, daß diese Schwächen uns auf keinen Fall hindern dürfen, unsere Stärken zum Ausdruck zu bringen. Gib deinen eigenen Schwächen oder denen anderer nicht zu viel Macht. Konzentriere dich auf deine Stärken, dann bist du stark! Konzentriere dich auf deine Schwächen, dann bist du schwach!

Und doch kann es wertvoll sein, die charakteristischen Eigenschaften eines jeden Zeichens zu betrachten, die einer Verbesserung bedürfen. Zu einem bestimmten Zeitpunkt müssen wir ehrlich unsere Fehler erkennen, uns lange genug auf sie konzentrieren, um sie wahrzunehmen und um klar zu erkennen, daß sie uns nicht nützen, und dann klar entscheiden, sie aufzugeben.

Widderenergie kann gefühllos, grob und egozentrisch sein, mit einem sehr begrenzten Wahrnehmungsvermögen. Sie braucht den Ausgleich durch die Waage, um sich der Gefühle anderer bewußt zu werden.

Stierenergie kann stur, Veränderung ablehnend und zu sehr mit dem Materiellen beschäftigt sein.

Zwillingsenergie kann wildbewegt und zerstreut sein, will zuviel auf einmal erreichen…Der rationale Verstand des Zwillings vergißt manchmal das Herz, die Intuition und verliert sich in endloser geistiger Tätigkeit.

Krebsenergie kann sehr zurückgezogen sein, andere vergessend, verstrickt in Gefühle, ohne mit ihnen sorgfältig umzugehen, voller Entschuldigungen.

Löweenergie kann egozentrisch und oberflächlich sein, immer mit dem Wunsch, Mittelpunkt der Aufmerksamkeit zu sein, nicht gewillt, anderen Raum und Unterstützung zu geben.

Jungfrauenergie kann kritisch und nörglerisch sein, immer sich auf das konzentrierend, was nicht in Ordnung ist, auch bei sich selbst.

Waageenergie kann eitel und selbstsüchtig sein, zu sehr mit äußerlicher Schönheit beschäftigt und ständig von einem Standpunkt einer Entscheidungsmöglichkeit zur anderen schwankend. Oft hört man eine Waage sagen: «Einerseits...»

Skorpionenergie kann abwechselnd stechend und zurückgezogen sein. Der Skorpion verletzt die, die er liebt, neigt besonders stark zu emotionalem Verhalten.

Schützeenergie kann rücksichtslos sein, überintellektuell und geschwätzig, auf Grund seiner Oberflächlichkeit zu sicher und mit viel zu vielen Vorhaben gleichzeitig beschäftigt.

Steinbockenergie kann kalt und zurückhaltend sein, kann im geheimen ein hartes Urteil über andere fällen, stellt Erfolg über zwischenmenschliche Beziehungen und menschliche Wärme.

Wassermannenergie kann wirklichkeitsfremd, abgehoben und verträumt sein, gewillt, sich tausend Möglichkeiten vorzustellen, aber nicht bereit, sich auf eine lange genug zu konzentrieren, um etwas zu erreichen.

Fischeenergie kann auch abgehoben sein, sich nicht um andere kümmernd, uninteressiert, entfernt, manchmal ungeheuer gefühlsbetont und auch selbstzerstörerisch...

Ich möchte noch einmal betonen, daß man diese Schwächen bei sich oder anderen nicht zu ernst nehmen oder ihnen zuviel Macht verleihen sollte. Wir sind alle vielfältig zusammengesetzte Wesen mit vielen verschiedenen Eigenschaften – Stärken und Schwächen. Konzentriere dich lange genug auf deine Schwächen, um sie deutlich zu erkennen, laß das Licht deiner Erkenntnis auf sie fallen und laß sie gehen. Dann konzentriere dich auf deine Stärken und erfülle deine Vision.

Beweise es...

Ich beabsichtige nicht, die Gültigkeit der Astrologie unter Beweis zu stellen. Die meisten Versuche, ihre Gültigkeit zu beweisen, kommen mir so lächerlich vor wie die Versuche der sogenannten ‹Wissenschaftler› oder sonst jemandes, ihre Gültigkeit zu widerlegen.

Ich sehe einfach, daß sie existiert und seit Tausenden von Jahren existiert hat und daß eine Vielzahl verschiedener Entsprechungen gesammelt wurden, die viele Menschen aus vielen verschiedenen Kulturen wohl für bedeutungsvoll und sogar nützlich gehalten haben. Ich sehe, daß einige dieser Entsprechungen sich ganz einfach auf die Jahreszeiten beziehen – im Monat des Widders ist Frühlingsanfang, im Monat des Löwen ist Hochsommer... Viele andere Entsprechungen beziehen sich aber auf andere, feinere Zyklen, die vielleicht archetypischere Erfahrungsebenen widerspiegeln.

Astrologie braucht nicht bewiesen oder widerlegt zu werden. Sie ist ein Werkzeug, das du benutzen kannst, wenn du willst.

> «Man sollte es nicht für möglich halten, daß aus der Verrücktheit und den Gotteslästerungen der Astrologen so brauchbares und heiliges Wissen kommen kann.»
>
> Johannes Kepler

Der Planetenschlüssel

Vielleicht möchtest du diese Übung mit den Planeten machen:

Denk an den Namen eines Planeten, entspanne dich und stelle ihn dir vor – phantasiere, assoziiere, meditiere darüber, befasse dich eine Weile damit... Alles, was geschieht, ist gut... (Sonne und Mond gehören auch zu den ‹Planeten›.)

Denke so umfassend wie möglich über sie nach – mythologisch und / oder wissenschaftlich und / oder kosmisch und / oder was dir in den Sinn kommt...

Merkur... Venus... Mars... Jupiter...
Saturn... Uranus... Neptun... Pluto...
Sonne... Mond...

Zu den meisten dieser Wörter haben wir viele Assoziationen ... und diese Assoziationen sind ein Schlüssel, um die Kraft dieser Planeten zu verstehen.

Innerhalb unseres mythologischen Erbes – tiefe Quellen unmittelbaren Wissens – hat man sich jede dieser planetarischen Kräfte in menschlicher Form vorgestellt, als Energien, die wir begreifen, fühlen und herbeirufen können...

Der Zeichenschlüssel

Die 12 Zeichen sind die 12 Gesichter Gottes – die 12 vollkommenen Seinszustände – jedes hat eine unentwickelte, eine sich entwickelnde und eine entwickelte Daseinsstufe.

Anstatt ‹Gesichter Gottes› sagst du vielleicht lieber ‹vollkommene Seinszustände› oder ‹Stufen höheren Bewußtseins› oder ‹Ebenen göttlichen Seins› oder etwas anderes... Die Worte selbst sind nicht wichtig – wähle die Worte, die für dich den tiefsten Klang haben.

Astrologie ist ein Ritual / ein Spiel / eine intuitive Erkenntnislehre / eine Form des Gebets / eine Verbindung mit höherer Intelligenz, die das Gleichsetzen mit Symbolen zur Folge hat. Diese Symbole gewinnen tiefe Bedeutung – unmittelbare Bedeutung –, wenn wir tief in die Symbole hineinblicken, wenn wir ihre innere (oder *esoterische*) Bedeutung und Resonanz erkennen.

Wenn wir uns mit einem Symbol identifizieren wie einem Sonnenzeichen zum Beispiel, kann es ein hohes sein... ein tiefes ... ein mächtiges – es ist immer ein Gesicht Gottes.

Viele der heute noch gängigen Vorstellungen von Astrologie sind aus der viktorianischen und puritanischen Zeit übriggeblieben. Die Zeichen werden nur auf der unteren, unentwickelten Symbolebene gedeutet... die Symbolentwicklung, die Kraft des Symbols ist verlorengegangen, vergessen worden.

Jedes Zeichen ist ein Zeichen der Umwandlung... Unentwickelt ist es die ‹Basis›, der Ausgangspunkt... Wenn es sich entwickelt, ist es der ‹Weg›, die Wachstumsrichtung... Entwickelt ist es das ‹Ziel›, das Ergebnis der Suche.

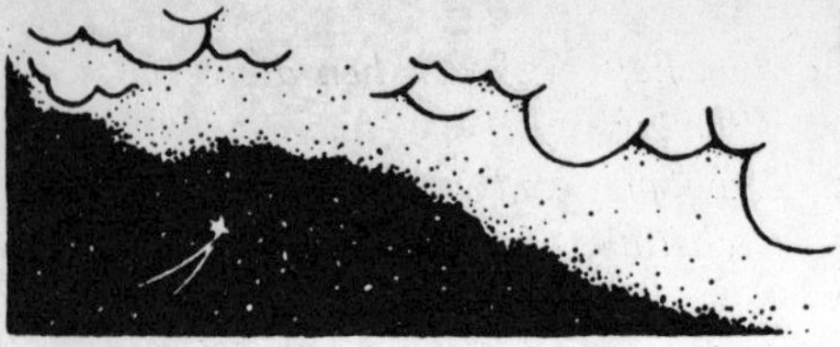

Unentwickelt, sich entwickelnd und entwickelt...

Das ist eine der schönsten Entdeckungen der Astrologie des Neuen Zeitalters: Jedes Zeichen hat unentwickelte, sich entwikkelnde und entwickelte Eigenschaften. Jedes Zeichen ist ein Pfad zur Vollendung. Jedes Zeichen hat eine ganz besondere Kraft und birgt Erkenntnis.

Die Symbole, die zum Zeichen Skorpion gehören, zeigen dies besonders deutlich. Skorpion ist das Zeichen der Umgestaltung, der Umwandlung:

Die unentwickelte Skorpionenergie stellt der Skorpion dar – stechend, giftig.

Die sich entwickelnde Skorpionenergie stellt die Schlange dar, die sich den Caduceusstab hochwindet – mächtige Heilkraft ...Energie, die über die Energiezentren des Rückgrats aufsteigt...

Der entwickelte Skorpion hat sich vollkommen in den Adler (oder Phoenix) verwandelt. Man sagt, daß der Blick des Adlers so scharf ist, daß er aus weiter Entfernung hoch oben in der Luft eine Maus sehen kann...und er fliegt näher bei der Sonne als jedes andere Lebewesen...

Der Adler ist ein Symbol für den spirituellen Flug...für vollkommene Freiheit...

Der Phoenix zerstört sich selbst, um aus seiner Asche wiedergeboren zu werden – ein Symbol für den Herbst, die Zeit des Skorpions, Symbol für den Tod...und nach dem Tod Verwandlung zu neuem Leben...

Konzentriere dich auf die *sich entwickelnden* Eigenschaften eines Zeichens; dann hast du großartige Hilfsmittel für deine Entwicklung. Der Grundgedanke auf dieser Ebene ist:

Die sich entwickelnden Eigenschaften gebrauchen dieselben Energien wie die unentwickelten Eigenschaften eines Zeichens – aber sie werden bewußt, schöpferisch und sinnvoll angewandt, und das bedeutet Wachstum, Gesundheit und Auflösen der Beschränkungen.

Konzentriere dich auf die *entwickelten* Seiten eines Zeichens, dann erschließen sich dir tiefe, unmittelbare Quellen des Wissens.

Eine tiefe, alte Wahrheit

Hier taucht eine tiefe, alte Wahrheit wieder auf:

> *Gerade die besonders ‹negativen› Gefühle tragen die Energie in sich, die eine Verwandlung auf eine höhere Seinsebene bewirkt...*

Die unentwickelten Eigenschaften eines Zeichens sind dieselben wie die entwickelten – alles ist Energie... der einzige Unterschied ist die Schwingungsebene.

Gerade unsere Schwächen geben uns die Stärke, uns weiterzuentwickeln.

Der tibetanische Buddhismus, Schlüssel zu innerem Wachstum, Licht und was immer du suchst, drückt das sehr deutlich aus: Er lehrt, daß es grundsätzlich fünf verschiedene Kategorien ‹negativer› – oder trennender, entfremdeter, eigeengter – Emotionen gibt. (Im Tibetischen ist das Wort für Emotionen dasselbe Wort wie ‹Gift› – denn sie können uns tatsächlich vergiften, so daß wir unser wahres, reines Wesen nicht erfahren können.)

Jede dieser ‹negativen› Emotionen ändert sich, wenn man sich mit ihr auseinandersetzt, sie genau betrachtet und auf diese Weise versteht; sie verwandelt sich in eine der fünf Weisheiten:

Wenn wir unsere Unwissenheit betrachten, können wir zu wirklich tiefem Verstehen finden – die Weisheit, die das letzte Wesen der Realität umfaßt.

Wenn wir unseren Stolz und Hochmut betrachten, können wir zur Tugend des Gleichmuts finden – der Blick, der die Einheit in allem sieht.

Wenn wir unserer Eifersucht und rücksichtslosen Leidenschaft entgegentreten, können wir Unterscheidungsvermögen entwikkeln, – die Fähigkeit, zu unterscheiden und zu analysieren. In mancher Hinsicht ist es das Gegenteil der Weisheit, die die Einheit in allem sieht.

Wenn wir unseren Ängsten offen entgegentreten, finden wir zur Vervollkommnung – die Fähigkeit, seine Aufgaben zu erfüllen.

Wenn wir unserem Ärger entgegentreten, verwandelt er sich in einen «Spiegel», die Fähigkeit, ein Spiegel zu sein für andere, ihr wahres Wesen und den Grad ihres Bewußtseins widerzuspiegeln.

Botschaft an mich selbst –

Du darfst die Traurigkeit nicht abwehren,
Du darfst die Sorge nicht abwehren,
Du darfst Leiden und Schmerz nicht abwehren

Gesegnet sind diese Dinge
Denn durch sie wachsen wir
Zum wahren Verstehen
Unseres Weges

Was ist ein Horoskop?

Ein Horoskop ist ein Bild, welches – ziemlich genau – das Sonnensystem darstellt, so wie es sich für uns zeigt oder zeigen wird zu einem bestimmten Zeitpunkt, für den wir uns interessieren.

Der Aszendent, die Linie, die genau links vom Mittelpunkt ausgeht (9-Uhr-Stellung), stellt den Osthorizont dar, wo Sonne, Mond und alle Planeten aufgehen. Die Himmelsmitte (12-Uhr-Stellung) zeigt, welche Planeten genau über uns sind. Die Spitze des siebten Hauses (3-Uhr-Stellung) ist der Westhorizont. Der Nadir (gegenüber der Himmelsmitte, 6-Uhr-Stellung) zeigt, welche Planeten genau unter uns, unterm Horizont, sind.

Weil das Sonnensystem relativ flach ist (mit Ausnahme von Pluto, der vom übrigen Sonnensystem weit entfernt ist), scheint es uns hier auf der Erde, als ob die Sonne, der Mond und die Planeten an derselben Stelle aufgehen, auf einer ähnlichen Bahn über den Himmel ziehen – die Ekliptik – und an derselben Stelle untergehen. Den Hintergrund dieser Bahn bilden eben diese zwölf Sternbilder, die uns aus vergangenen Zeiten als Zodiak (Tierkreis) bekannt sind. Mit ihrer Hilfe können wir die Positionen der Planeten genau festlegen. Aus praktischen Gründen umfaßt jedes Sternbild genau 30° des Kreises, so daß die zwölf Sternbilder 360° umfassen, den vollen Kreis.

Das Horoskop ist also eine Karte des Sonnensystems von der Erde aus gesehen. Wenn du mittags geboren bist, steht die Sonne genau über dir, in der Himmelsmitte – wenn du bei Sonnenuntergang geboren bist, steht sie an der Spitze des siebten Hauses, am Deszendenten; wenn du bei Sonnenaufgang geboren bist, steht sie am Aszendenten; wenn du um Mitternacht geboren bist, steht sie am Nadir (Himmelstiefe).

Von diesen Punkten geht eine besondere Kraft aus.

Dein Horoskop ist ein Bild…

Dein Geburtshoroskop ist ein Bild der Sternbilder und Planeten um dich herum zum Zeitpunkt deiner Geburt…

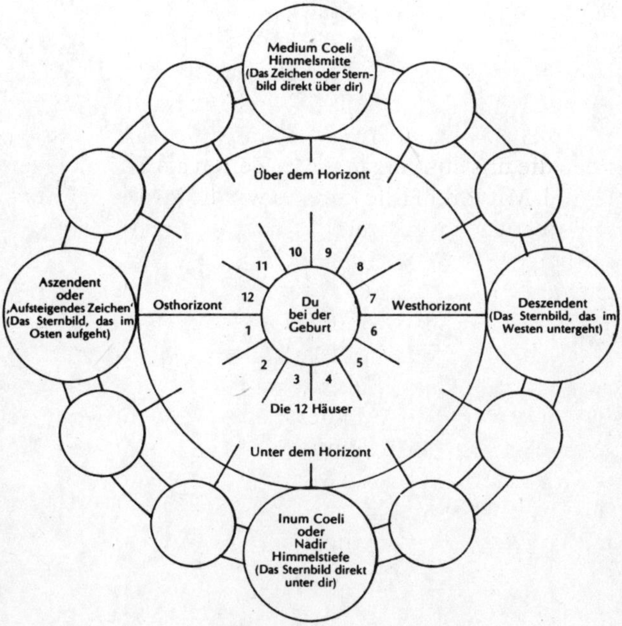

Ein Horoskop ist ein Mandala, ein Bild von dir… Wenn du es in seiner Grundform betrachtest, kannst du schon erfahren…

Die 12 Häuser beginnen mit dem ersten Haus am Aszendenten, laufen im Gegenuhrzeigersinn und teilen die ganze Lebensbahn in 12 Felder oder Erfahrungsebenen. Die Häuser sind im Horoskopschema von 1 – 12 numeriert.

Die Hemisphären

Im Horoskop gibt es zwei verschiedene Hemisphärenaufteilungen – die Aufteilung in Ost und West und in Nord und Süd.

Teilen wir das Horoskop in Ost und West (links und rechts, wie auf der oberen Abbildung auf der gegenüberliegenden Seite), finden wir den Pfad des Willens auf der linken Seite, den Pfad der Ergebung auf der rechten Seite...

Menschen mit Planeten vorwiegend auf der linken Seite des Horoskopes werden hauptsächlich mit dem Willen handeln – das bewußte Steuern ihres Kurses. Menschen mit Planeten auf der rechten Seite des Horoskopes werden ergeben handeln – vertrauen, mit dem Strom schwimmen, wie das Wasser...

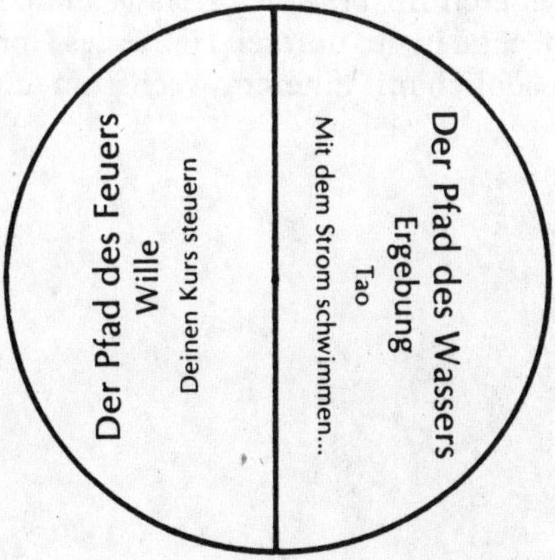

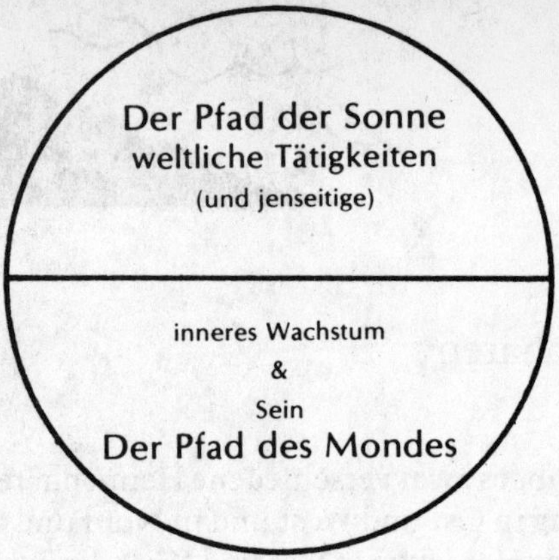

Teilen wir das Horoskop in Norden und Süden auf (wie auf der unteren Abbildung auf der gegenüberliegenden Seite), haben wir zwei andere Hemisphären, den Pfad der Sonne oben und den Pfad des Mondes unten.

Menschen mit Planeten vorwiegend in der oberen Hälfte des Horoskopes befassen sich mit weltlichen Tätigkeiten (und jenseitigen, wenn Planeten im 11. und 12. Haus sind). Menschen mit Planeten vorwiegend in der unteren Hälfte des Horoskopes befassen sich hauptsächlich mit innerem Wachstum und Sein.

Schlüsselwörter

Jedes Zeichen, jeder Planet und jedes Haus ist ein bedeutungsvolles Symbol.

Manchmal nenne ich die *Schlüsselwörter* auf den folgenden Seiten mein ‹instant intuitive astrology system›:

Nimm ein Schlüsselwort für ein Symbol und verbinde es mit einem Schlüsselwort für ein anderes Symbol in jeder Zusammenstellung, die dich interessiert. Dann hast du ein zusammengesetztes Schlüsselwortsymbol.

Beschäftige dich damit, laß es unmittelbar in dich eindringen. Vielleicht findest du überhaupt keinen Sinn darin, dann wirf es weg und versuche es mit anderen Schlüsselwörtern für dieselben Begriffe.

Wenn deine Sonne zum Beispiel in Jungfrau steht und du dich fragst, was das bedeutet, wähle ein Schlüsselwort für ‹Sonne› – sagen wir ‹Lebenskraft› – und verbinde es mit einem Schlüsselwort für ‹Jungfrau› – sagen wir ‹Erde, veränderlich›:

‹Lebenskraft, Erde, veränderlich›
oder
‹Das Individuum, fähig›

Vertiefe dich in diese Worte... laß deiner Vorstellungskraft freien Lauf...

Du wirst feststellen, daß die Häuser den entsprechenden Zeichen in ihrer Bedeutung gleichen... sie haben die gleiche Reihenfolge – das 1. Haus ist das ursprüngliche Haus des Widders, das 2. Haus ist das ursprüngliche Haus des Stiers usw.

Außer den Planeten, Zeichen und Häusern habe ich auch noch die ‹besonderen Punkte› und die ‹Aspekte› aufgeführt – die einzigen zusätzlichen Faktoren, die ich für eine vollständige Interpretation benötige.

Schlüsselwörter – Planeten

Planeten (Symbole unterschiedlicher Energiearten und -ebenen)

☉ Sonne: Lebenskraft; das Individuum; Persönlichkeit; Hauptenergie; das Selbst; Schaffenskraft.

☽ Mond: Eingebung; Emotionen; das verborgene Sein; seelische Energie; das ‹kollektive Unbewußte›; das innere Sein; jenseits der Persönlichkeit; Einssein mit allem.

☿ Merkur: geistige Energie; der bewegliche Verstand; Vernunft; die Fähigkeit, sich mitzuteilen; der Götterbote; Gedanke.

♀ Venus: Liebesenergie; Schönheit; Glück; Harmonie; Ausgewogenheit; Gefühlsleben; Frauen; Yin-Energie; Herzchakra; weibliche Seite.

♂ Mars: physische Grundenergie; Kraftzentrum; Yang-Energie; Männer; drittes Chakra; Stärke; männliche Seite; der Ursprung der Schöpfung.

♃ Jupiter: sich ausbreitende Energie; positive, wohltuende Energie; ständig wachsend; Gesetze der Anziehung; der Herrscher.

♄ Saturn: Klugheit, die mit dem Alter wächst; ‹einengende› Energie; begrenzend; vereinfachend; konzentriert; reif; Alter; Erfahrung; Beherrschung.

♅ Uranus: Energie des siebten (‹Kronen›-)Chakras; explosiv; verrückte Weisheit; Veränderung; transzendentale Energie; der Erneuerer; der Erwecker; kosmisches Bewußtsein.

♆ Neptun: Energie des sechsten Chakras (‹drittes Auge›); ruhige und klare Weisheit; völlige Durchdringung; hellsichtig; psychisch; der Magier.

♇ Pluto: der Jenseitige; jenseits von Worten; jenseits aller Vorstellungen; explosiver Wandel; Shivas Tanz; transzendental.

Schlüsselwörter – Zeichen

Zeichen (Symbole unterschiedlicher Energiearten und -ausdrucksformen)

♈ **Widder:** Feuer, schöpferisch; der Widder; von Marsenergie beherrscht; das Ich; berstende Kraft; das Kind; Frühling; die schöpferische Kraft des Geistes.
Unentwickelt: egozentrisch, überaggressiv, gefühllos.
Entwickelt: der Urheber, der Schöpfer.

♉ **Stier:** Erde, erhaltend; der Stier; von Venusenergie beherrscht; erdgebunden; verwurzelt; Sicherheit; die Weisheit der Erde; der Buddha.
Unentwickelt: habgierig, materialistisch, stur.
Entwickelt: Meister der Einheit mit der Erde.

♊ **Zwillinge:** Luft, veränderlich; die Zwillinge; von Merkurenergie beherrscht; der Vermittler; Kanal; die Dualität des Seins.
Unentwickelt: überhandnehmende Vernunft, gespaltene Persönlichkeit.
Entwickelt: Kanal göttlicher Intelligenz.

♋ **Krebs:** Wasser, schöpferisch; der Krebs; die Katze; vom Mond beherrscht; ruhig, nach innen schauend; die Mutter; das Mondkalb (moonchild); seelisch.
Unentwickelt: der Krebs, zurückgezogen, ausweichend.
Entwickelt: die Katze, Herr der unter- und überbewußten Kräfte, der Magier, die Hexe.

♌ **Löwe:** Feuer, erhaltend; der Löwe; von der Sonne beherrscht; der Darsteller; der schöpferische Künstler; kraftvoll; strahlende Kraft.
Unentwickelt: egozentrisch, Aufmerksamkeit verlangend.
Entwickelt: der Sonnenkönig, alles erleuchtend.

♍ **Jungfrau.** Erde, veränderlich; die Jungfrau; von Merkurenergie beherrscht; feinfühlig; tüchtig; selbstloser Diener; Heiler; analytisch.
Unentwickelt: tadelsüchtig sich selbst und anderen gegenüber, mit Einzelheiten überlastet.
*Entwickelt:*meisterliche Umsicht, Heiler.

♎ **Waage.** Luft, schöpferisch; die Waagschalen; von Venus beherrscht; schön; ausgewogen; künstlerisch; ausgleichend; Gerechtigkeit und Mitgefühl; in Beziehung.
Unentwickelt: urteilend, unentschlossen, selbstgefällig.
Entwickelt: Meister der Liebe.

♏ **Skorpion:** Wasser, erhaltend; der Skorpion; die Schlange; der Adler oder Phoenix; von Mars und Pluto beherrscht; kraftvoll; ‹Feuer des Wassers›; Umwandlung; herrscht über die Sexualorgane.
Unentwickelt: stechend, böswillig, heftige Emotionen.
Entwickelt: Meister des Tantra, der Lebenskräfte.

♐ **Schütze:** Feuer, veränderlich; der Bogenschütze; von Jupiter beherrscht; sich entfaltend; der Philosoph; der Reisende; freundlich; gutmütig; der Nikolaus; das Ideal der Renaissance.
Unentwickelt: zerstreut, maßlos.
Entwickelt: Meister der unendlichen Möglichkeiten!

♑ **Steinbock:** Erde, schöpferisch; der Steinbock; von Saturn beherrscht; tüchtig, konzentriert; meisterhaft im Umgang mit weltlichen Dingen; Pan.
Unentwickelt: eingeengt, übermäßig ernst, geizig.
Entwickelt: der Meister, müheloser Erfolg auf materieller Ebene.

♒ **Wassermann:** Luft, erhaltend; der Wasserträger; der Engel; von Uranus beherrscht; der Wegbereiter; der Futurist; grenzenlos; der Bote des Neuen Zeitalters der weltweiten Vereinigung; Kinder des nahenden Lichtes; der Erfinder.
Unentwickelt: negativ, leer, zerstreut, maßlos.
Entwickelt: der Obermagier, der Wegbereiter.

♓ **Fische:** Wasser, veränderlich; die Fische; von Neptun und Pluto beherrscht; der Visionär; das Seelische; der Zerstörer (Shiva); das Ende des Kreislaufs; der Letzte; schimmernde Leere *(Shunyata)*.
Unentwickelt: haltlos, unbestimmt, unaufrichtig, verschwenderisch, selbstzerstörerisch.
Entwickelt: der Meister, Christus.

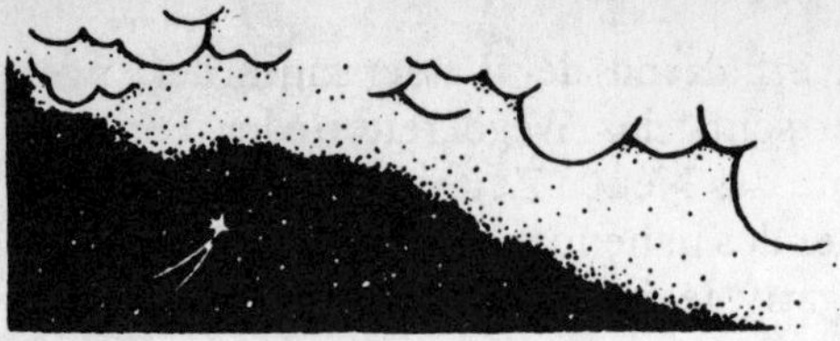

Schlüsselwörter – Häuser

Häuser (Symbole der Erfahrungsebenen)

1. das aufsteigende Zeichen; Wesen, Benehmen; physische Erscheinung; was die anderen sehen; das Individuum; das Ich; der Platz der spontanen Hier und Jetzt – Weisheit eines Kindes.
2. eigene Kraftquellen; Besitz; Umgebung auf physischer Ebene; Geld.
3. Mitteilung; geistige Tätigkeit; wie du dich äußerst; kürzere Reisen; Geschwister.
4. deine Wurzeln, dein Innerstes; Heimat, Mutter; Umgebung, in der du lebst; stärkste Quelle der Kraft; innerer Zufluchtsort.
5. Selbstdarstellung; Unterhaltung; Vergnügen; schöpferischer Ausdruck; Kinder.
6. anderen dienen; Gesundheit; heilen; lieben und dienen.
7. Beziehungen zu anderen Menschen; Heirat; Partnerschaften; Verträge; Bindungen.
8. tiefe Beziehungen; sexuelle Beziehungen; Geburt und Tod und Umwandlung; Tantra; den Schlüssel zum fundamentalen Verständnis des Alltages finden, nichts abwehren.
9. Wachstum; Erziehung; Ausbildung auf neuen Gebieten; Philosophie; Religion; unendliche Möglichkeiten; das Ideal der Renaissance; längere Reisen; Veröffentlichungen.
10. Arbeit in der Welt; Karriere; Beherrschung der materiellen Ebene; Leistung; Anerkennung.
11. jenseits der materiellen Ebene; Ideale; geistige und seelische Bereiche; Ziele; Neuerungen; Mitgefühl; Vorstellungen; Träume; der Bodhisattva-Weg.

12. das Ende des Kreislaufes; Umwandlung; Zerstörung und Jenseits; letzte Wirklichkeit; psychisches Wachsein; was du aus früheren Leben weißt.

Schlüsselwörter – Besondere Punkte

Besondere Punkte in einem Horoskop

☊ Aufsteigender Mondknoten: ‹Drachenhaupt›: An diesem Punkt findest du Stärke und Schutz. Hier hast du immer eine Kraftquelle.

☋ Absteigender Mondknoten: ‹Drachenschwanz›: Hier kannst du dich von deinem Selbst lösen – hier werden dir die wichtigsten Lehren erteilt, kannst du über dein Ich hinausgehen, über deine eigenen begrenzten Vorstellungen.

⊗ Glückspunkt: Hier findest du dein wahres Glück in diesem Leben.

Aspekte

☌ Konjunktion (Planeten innerhalb eines Umkreises von 4°): Zusammenfließen und Zusammenwirken der Energien.

△ Trigon (Planeten stehen 120° voneinander entfernt, ± 4°): harmonisches Zusammenfließen der Kräfte.

⚹ Sextil (Planeten stehen 60° voneinander entfernt, ± 4°): hilfreiches Zusammenfließen.

□ Quadrat (Planeten sind 90° voneinander entfernt, ± 4°): Hemmung, Blockierung; Entwicklungsmöglichkeit; Herausforderung.

☍ Opposition (Planeten sind 180° voneinander entfernt, ± 4°): offensichtliches Entgegenwirken; aber immer vollendetes Gleichgewicht auf einer tieferen Ebene.

Meditation über dein Horoskop

Die Kunst der Deutung in Kurzform.

Schau dir dein Geburtshoroskop an oder das eines andern. Erkenne, daß es ein Geschenk ist. Es zeigt dir deine Stärke und deine Kraftquellen und gibt dir einen Schlüssel, um dich selbst zu verstehen.

Es ist Ausgangspunkt, Weg und Ziel.

Jedes Zeichen ist ein Antlitz Gottes.

☉ Schau, wo die Sonne steht – in welchem Zeichen, in welchem Haus – du bringst dich selbst, deine Lebenskraft und Individualität mit dieser Energie auf dieser Ebene zum Ausdruck.

☾ Schau, wo der Mond steht – deine unmittelbare Wahrnehmung öffnet sich hier… es ist ein Schlüssel, um über dich selbst hinauszugelangen. Durch die Energien deines Mondzeichens kannst du zu tiefem, unmittelbarem Verstehen finden.

☿ Schau, wo Merkur steht – der Verstand kann sich hier entscheiden… durch dieses Zeichen und durch dieses Haus kannst du dich gut mitteilen… auf esoterischer Ebene, hier stehst du in Verbindung mit Gott – mit göttlichen Kräften.

♀ Schau, wo Venus steht – deine Liebesfähigkeit und dein Schönheitssinn ist hier; hier öffnet sich dein Herz… hier verstehst du auf esoterischer Ebene das wahre Wesen des Universums, die Schöpfungskraft, Erhaltung und Vernichtung: Liebe…

♂ Schau, wo Mars steht – hier liegen deine physischen Kräfte… hier kannst du das zweite (Sinneswahrnehmung und -empfindung) und das dritte (Kraft-) Chakra öffnen, starke, schöpferische Energien freisetzen… hier trägst du die Kämpfe mit deinem Ich aus.

♃ Schau, wo Jupiter steht – hier bist du stark, verständnisvoll und selbstbewußt… Glück, Wachstum…

♄ Schau, wo Saturn steht – hier liegt die Klugkeit, die mit dem Alter wächst… hier lernst du, hier vertiefen und entwickeln sich deine Erfahrungen… Konzentration und Verständnis liegen hier.

♅ Schau, wo Uranus steht – hier findet ein Wandel statt, überkommene Verhaltensmuster werden zerschmettert … verrückte Weisheit… Einssein mit allem – Uranus ist der Planet des siebten (‹Kronen›) Chakras, durch das sich uns die Vereinigung mit dem ganzen Universum erschließt…

♆ Schau, wo Neptun steht – Ruhe und Klarheit sind hier, psychische Fähigkeiten, Wahrnehmung des Unter- und Überbewußtseins – Neptun ist der Planet des dritten Auges, das sechsten Chakras, zwischen deinen Augenbrauen, der Platz der inneren Schau, der Träume, der höheren Sphären.

♇ Schau, wo Pluto steht – hier ist das Jenseits…

☊ Schau, wo der aufsteigende Mondknoten steht – hier findest du Schutz und Stärke.

☋ Schau, wo der absteigende Mondknoten steht – hier hast du die Gelegenheit, über dich selbst hinauszugehen, über die begrenzten Vorstellungen, die du dir von dir machst, ein Punkt der Selbstauflösung, der Entwicklung, des Gehenlassens.

⊗ Schau, wo dein Glückspunkt ist – hier findest du dein wahres Glück.

Schau, wo dein Aszendent ist – so sehen dich die anderen.

Schau, wo die Himmelsmitte ist – hier findest du die Wirksamkeit deines Tuns.

Schau, wo die Himmelstiefe ist – hier findest du deinen wahren, inneren Ursprung, deine Heimat, deine Mitte, deine Wurzeln.

Schau, wo Konjunktionen, Trigone und Sextile sind – hier fließt Energie, die sich harmonisch verbindet.

Schau, wo deine Quadrate sind – das sind Herausforderungen, vielleicht auch Hindernisse, Lehren und Entwicklungsmöglichkeiten.

Schau, wo deine Oppositionen sind – diese Kräfte erscheinen dir vielleicht gegensätzlich und widersprüchlich... aber in ihnen liegt auch immer die vollkommene Ausgewogenheit und der unumgängliche Ausgleich. Wenn du diese sogenannten Oppositionen begreifst, kannst du eine ganze Menge über dich erfahren.

Äußeres, Inneres und Verborgenes...

Dein Horoskop führt dich zu deinen äußeren, inneren und verborgenen Seinsebenen...

Dein Aszendent ist die äußere Ebene – er zeigt, wie die anderen dich sehen, wie du mit der Welt in Verbindung stehst...

Dein Sonnenzeichen ist die innere Ebene – es zeigt deine Persönlichkeit, und wie du dich selbst empfindest...

Es zeigt den Pfad des Herzens...

Dein Mondzeichen ist die verborgene, tiefste Ebene, die am weitesten reicht...der Schlüssel zum Verständnis des Makrokosmos...

Jeder, alles, jede Handlung, jedes Ereignis hat eine äußere, eine innere und eine verborgene Seinsebene...

Die Sonne im Jahreslauf

Der Jahreslauf der Sonne durch alle Zeichen zeigt, wie jedes Zeichen die Veränderungen der Natur widerspiegelt. Jeder Monat bringt eine andere Energie, zuerst *Yang* (ausströmend, sich auf andere beziehend), dann *Yin* (sich nach innen wendend, vertiefend):

Der Frühling bricht aus	Zu Beginn der Frühlingsanfang... höhere, schöpferische, überquellende Energie.	– Widder ♈
Der Frühling ist da	Dann ein tieferer, langsamerer Rhythmus; eine Zeit, um sich zu erden, Wurzeln zu schlagen, mit den erhaltenden Energien der Erde in Verbindung zu treten.	– Stier ♉
Der Frühling wandelt sich	Dann wieder eine Zeit gewaltiger Veränderungen... Der Frühling verwandelt sich... eine Zeit, um nach draußen zu gehen und sich mitzuteilen.	– Zwillinge ♊
Sommer!	Der Sommer entfaltet sich... die Energie wird wieder ruhiger... eine Zeit, um zu Hause zu sein, geerdet, wachsend, fließend.	– Krebs ♋

Hochsommer	Die strahlende Sonne zieht die Menschen zum Licht... eine Zeit, um sich zu treffen, zu erzählen, sich darzustellen.	– Löwe ♌
Spätsommer	Der Sommer zieht sich zurück... eine Zeit, um zu lieben, zu dienen und nachzudenken... zu heilen und vorzubereiten...	– Jungfrau ♍
Herbstanfang	Der schönste und prächtigste Monat ... Der Herbst entfaltet seine ganze farbige Pracht... eine Zeit, um mit anderen zusammen Ideen zu verwirklichen.	– Waage ♎
Herbst	Jetzt kommt eine Zeit der Verwandlung, der Veränderungen... Das Jahr stirbt. Unruhe draußen, zur Ruhe kommen im Innern. Das tägliche Leben birgt viele solcher Augenblicke, die Einsicht und Verständnis fordern.	– Skorpion ♏
Spätherbst	Eine stürmische, ausgelassene Energie... Überfluß überall! Im Geiste des Erntedanks und des Christfestes ... Vertraut, sicher.	– Schütze ♐
Winteranfang	Ein Monat der Vollendung... eine Zeit, um seine Pflichten zu erfüllen, sich weiterzuentwickeln, sich zu konzentrieren und zu vertiefen... Saturnenergie liegt in der Luft: die Weisheit, die mit dem Alter wächst.	– Steinbock ♑
Winter	Ein Monat des spontanen Überschwangs... neue Ideen... Überraschungen... Licht inmitten der Dunkelheit des Winters... verrückte Weisheit zeigt sich.	– Wassermann ♒

Spätwinter	Das Winterende ... das Ende des Kreislaufes ... die tiefe, geheimnisvolle mystische Verwandlung des Jahres ... durch Meditation gelangen wir zu vielen Einsichten, Schlüssel zu endgültigem Verstehen ... entspanne dich und gehe in dich in diesem Monat.	– Fische ♓

Mondbetrachtungen

Nimm einen Kalender zur Hand, in dem du sehen kannst, in welchem Zeichen der Mond steht. Meditiere darüber, laß dich treiben, versuche, jedes Zeichen zu fühlen, wenn der Mond es durchwandert.

Die Mondenergie berührt uns auf tiefen, besonders unmittelbaren, gefühlsmäßigen Ebenen ... wir können die Schwingung des Zeichens wahrnehmen, das der Mond durchläuft und die Schwingungsänderung spüren, wenn er das Zeichen wechselt.

Beobachten wir die Sonne, erleben wir einen Jahreszyklus mit größeren, monatlichen Veränderungen ... Beobachten wir den Mond, erleben wir einen Monatszyklus mit unmittelbaren, gefühlsmäßigen Veränderungen etwa alle zwei Tage ... Hier ein allgemeiner Leitfaden:

♈ yang

Geht der Mond in den **Widder**, dann handle! Bewege dich! Marsenergie! Durchbrich deine Blockaden! Beginne jetzt mit deinen Vorhaben. Halte dein Temperament im Zaum. Die Stärke des Widders liegt in der Luft.

♉ yin

Geht der Mond in den **Stier**, entspanne ... laß dich treiben, werde langsamer ... die Stierenergie in der Luft kann viel vernichten, besonders auf weltlicher, physischer Ebene, aber der Stier hat sein eigenes Tempo, du solltest lieber nicht versuchen, ihn anzutreiben ... Genieße deinen Körper ... und hab Freude an denen, die du liebst ...

♊ yang

Geht der Mond in die **Zwillinge**, dann erledige das, was du dir vorgenommen hast. Schwärme aus, teile dich mit! Merkurenergie ist zügellos … Eine gute Zeit, um zu schreiben, zu reisen, zu handeln, erfolgreich zu arbeiten.

♋ yin

Geht der Mond in den **Krebs**, werde wieder langsamer … schöpfe wieder Kraft, erhole dich … eine gute Zeit, um zu Hause zu bleiben … Schau nach innen – unmittelbare Kanäle öffnen sich dir …

♌ yang

Steht der Mond im **Löwen**, dann strahle! Geh tanzen … oder mach, was du auch immer tun willst! Verkünde die Wahrheit, daß alle es hören können – eine Zeit, dich schöpferisch auszudrücken, darzustellen. Sonnenenergie ist in der Luft!

♍ yin

Steht der Mond im Zeichen **Jungfrau**, dann ist da eine viel feinere Energie … eine gute Zeit, um Geschäftliches zu erledigen, besonders Einzelheiten … Das Unterscheidungsvermögen ist sehr ausgeprägt … aber laß die Kritik an dir selbst oder anderen nicht überhandnehmen … liebe, diene, denke nach – Hingabe an andere kann wahres Glück bringen … Die Merkurenergie ist auf die Erde gekommen.

♎ yang

Steht der Mond in **Waage**, ist die Venusenergie stark … eine gute Zeit, um Kontakte zu knüpfen … um mit einem geliebten Menschen zusammenzusein … eine gute Zeit für harmonische Zusammenkünfte und gesellschaftliche Ereignisse … und um dein Herz zu öffnen.

♏ yin

Steht der Mond im **Skorpion**, kann's schwer werden – auf jeden Fall tiefgehend … in dieser Art von Energie liegt immer eine Möglichkeit der Umwandlung … Wehre deine Emotionen nicht ab, benütze sie, um dich weiterzuentwickeln …

♐ yang

Steht der Mond im **Schützen**, dann genieße! Eine wunderbare Zeit, um zu feiern, zu lernen und zu wachsen ... das Ideal der Renaissance – Interesse und Fähigkeiten auf einem weiten Bereich – alles gedeiht ... eine mitteilsame, aufbauende Zeit.

♑ yin

Steht der Mond im **Steinbock**, dann erfülle deine Pflicht, kümmere dich um geschäftliche Angelegenheiten! Es kann eine Zeit müheloser Arbeit sein. Saturnenergie liegt in der Luft – die Weisheit, die mit dem Alter wächst ... Schau, was getan werden muß und konzentriere dich darauf, es zu tun.

♒ yang

Steht der Mond im **Wassermann**, dann laß los! Genieße! Erlebe das Erwachen eines neuen Zeitalters, die großen Veränderungen überall! Erlebe dein göttliches Wesen! Eine überschwengliche, euphorische Zeit ... verrückte Klugheit, Uranusenergie liegt in der Luft, für alle, die feinfühlig genug sind, sie zu spüren ...

♓ yin

Steht der Mond in den **Fischen**, dann laß dich treiben! Laß alles sein, wie es ist ... Ein Geheimnis steckt in deinem Inneren – denk darüber nach und vertiefe dich.

Der Mondzyklus

Beobachte...

Kurz vor Neumond (wenn der Mond mit der Sonne in Konjunktion steht) ist eine Zeit voller Zweifel...die drei Tage vor Neumond können unklar und schwierig sein – hier sind tiefe Lehren verborgen...Es ist die Zeit, in der der Mond finster ist.

Bei Neumond fließen Licht und Bewußtsein...Neumond ist die Zeit, um etwas zu beginnen...

In der ersten Woche nach Neumond steigt die Energie...es ist eine Zeit, um sich auf das zu konzentrieren, was man begonnen hat und es fortzuführen...

Die zweite Woche nach Neumond, die mit dem Vollmond endet (der Mond steht in Opposition zur Sonne), ist voller Energie und Tatkraft...die beste Zeit, um sich auszudrücken, etwas zu leisten, zu lehren...

In der dritten Woche (die Woche nach Vollmond) ist der Höhepunkt erreicht: die beste Zeit, um Erfolge zu erzielen...

Die vierte Woche ist die Zeit der Beendigung und Erneuerung...Zeit, um sich auszuruhen und in sich zu gehen...nachzudenken...fang keine neuen Vorhaben an im letzten Viertel...

Mit zunehmendem Mond steigen auch die psychischen und emotionalen Energien...Neumond und Vollmond sind besonders kraftvolle und günstige Zeiten...

Sonne und Mond in den Zeichen

Ein direkter Weg zur bewußten Anwendung der Astrologie... die Stärken und die Macht eines jeden Zeichens erleben...

Die Sonne bleibt einen Monat in einem Zeichen... der Mond wandert in etwa zwei Tagen durch ein Zeichen (28 Tage braucht er für einen ganzen Lauf durch die 12 Zeichen – ein «Mondmonat»).

Stehen Sonne oder Mond im **Widder**, dann feiere deine Verbundenheit mit dem Leben... Brich aus wie die grünen Pflänzchen durch den Schnee, wie ein Kind, spontan, schöpferisch und frei...

Stehen Sonne oder Mond im **Stier**, feiere deine Verbundenheit mit der Erde... stimm dich auf deinen Körper ein... oder auf den eines Menschen, den du liebst oder auf jemanden anderen und heile, liebe und bringe Segen... ein Stierlied:

O Erdenmutter, danke für diesen schönen Tag
Wir wollen unsere Herzen öffnen
Damit wir bei dir sind
Immerfort, immerfort

Buddha war Stier. Er berührte die Erde im Augenblick seiner Erleuchtung und schaute zum Morgenstern: Venus.

Stehen Sonne oder Mond in den **Zwillingen**, dann feiere deinen Verstand! Was für ein Werkzeug ist er doch! Welche Fähigkeiten! Dein Verstand trägt in sich die ganze Macht Merkurs, des geflügelten Götterboten – das bedeutet: Kontakt mit dem göttlichen Ursprung in dir... Der Verstand ist ein Werkzeug der magischen

Schaffenskraft des Augenblicks, mit der Geschwindigkeit der Gedanken...

Stehen Sonne oder Mond im **Krebs**, dem Mondkalb (moonchild), feiere deine inneren Tiefen... genieße es, allein zu sein... schau nach innen... genieße deine unendliche Tiefe... deine unendliche innere Sicht... deine unendliche Leere und Glückseligkeit...

Schaue nach innen und du findest
Jede Antwort die du brauchst
Das Königreich des Himmels
liegt in dir

Stehen Sonne oder Mond im **Löwen**, feiere dich selbst! Strahle – wie die Sonne auf allen anderen ... geh nach draußen ... feiere ... genieße ... sei ein Schauspieler ... verkünde die Wahrheit, damit alle sie hören können ... lerne zu handeln, ohne die Zustimmung anderer zu benötigen ... mach deine Sachen ... und genieße es! Das Leben ist ein Spiel, das man spielen muß – und kein Problem, das man lösen muß...

Stehen Sonne oder Mond in **Jungfrau**, feiere deine Fähigkeiten ... Jungfrau bringt die Macht Merkurs auf die Erde... Jungfrauenergie kann heilen, dienen und Dinge tun, die auf physischer Ebene zur Offenbarung der Umwandlungen beitragen, die in physischen, emotionalen, geistigen und spirituellen Bereichen stattfinden ... Jungfrau besitzt die Macht des Unterscheidungsvermögens... den Verstand gebrauchen, um zu erkennen, was sich ändern kann und die Stärke und Einsicht aufbringen, etwas zu ändern.

Stehen Sonne oder Mond in der **Waage**, feiere die Schönheit der Schöpfung ... feiere die Liebe, die von Venus symbolisiert wird ... öffne dein Herz, um zu lieben, öffne dich anderen, mit denen du dich verbunden fühlst ... die größte Freude im Leben ist zu lieben – andere, dich...

«Ich gebe euch ein neues Gesetz:
Liebet einander...»

In dir steckt ein Künstler...ein Liebender...eine auserwählte Schönheit...immer wieder neugeboren...durch die Liebe...

Sind Sonne oder Mond in **Skorpion**, dann feiere jeden Augenblick, alles – auch deine geheimsten Seiten...feiere den Pfad des *Tantra:* die Vollkommenheit in jedem Augenblick sehen, nichts abwehren...feiere die ewige Verwandlung, die die Lebenskraft immer vollzieht...Der Skorpion wird zur Schlange, die sich den Hermesstab, die Wirbelsäule, emporwindet; die Schlange wird zum Adler oder Phoenix, Symbol des spirituellen Fluges und der Verwandlung...

Sind Sonne oder Mond im **Schützen**, feiere die zahllosen Möglichkeiten, die sich dir bieten! Feiere die Taten, die vielfältige Lebenskraft, die vielen Rollen und Fähigkeiten, die du in dir trägst ...feiere und entdecke die zahllosen Möglichkeiten, die noch vor dir liegen...werde immer größer...breite dich aus...Die Evolution ist ein endloser Ablauf – du wirst nicht aufhören, dich zu entwickeln, bis du ein Wesen aus reinem Licht bist! Gleiche dem Leitbild der Renaissance in dieser neuen Renaissance: auf so vielen verschiedenen Gebieten begabt, ein ewig Lernender, ein ewig Lehrender...

Sind Sonne oder Mond im **Steinbock**, zeig deine Fähigkeiten! Steinbock ist das Zeichen der schöpferischen Erde: die Fähigkeit, auf materieller Ebene das zu verwirklichen, was dein Herz begehrt...Steinbock ist das Zeichen des Meisters...wie Joel Goldsmith sagte: «Handle wie ein Meister, und du bekommst die Macht, ein Meister zu *sein.*» Du hast die Macht in dir, mühelos das zu erreichen, was du dir wünschst...konzentriere dich darauf, sei geduldig und beharrlich, und es wird sich dir zur rechten Zeit auftun...Für denjenigen, der sich der Unendlichkeit von Raum und Zeit bewußt ist, gibt es keine Grenzen...

Sind Sonne oder Mond im **Wassermann**, feiere den Beginn des Neuen Zeitalters...feiere die totale Freiheit...ein Zeitalter, in dem alle Gesellschaftsformen zerbrechen...ein Zeitalter, in dem du frei bist, das zu tun, was du dir erträumst...erforsche deine Träume...deine Visionen...deine Leitbilder...deine Sehnsüchte...Du besitzt die Macht, sie zu verwirklichen...Der Wassermann wird von Uranus beherrscht, Symbol für die Energie des siebten Chakras, die Krone, die uns mit dem Kosmos verbindet ...kosmisches Bewußtsein hier und jetzt...

Sind Sonne oder Mond in den **Fischen**, feiere die Mystik in dir ...das Geheimnis allen Seins...allen Lebens...geh den Weg, der die Vollkommenheit jenseits des täglichen Lebens sieht, jenseits weltlicher Tätigkeit, jenseits unserer Träume, Vorstellungen, Wünsche und Ideale (Symbole des Wassermanns und des 11. Hauses). Feiere das Sein...das Sehen...Die Fische werden von Neptun und Pluto beherrscht, den beiden entferntesten Planeten...Neptun ist ein Symbol für die Energie des sechsten Chakras, des dritten Auges: innere Sehkraft...das Auge des Verstehens...der gegenseitigen Durchdringung...des Vorstellungsvermögens...der magischen Schöpfung...Pluto ist jenseits...hinter den Worten ...Lausche in die Tiefe deines Ruhepunktes...

Was bewirkt das Mondzeichen?

Wir beobachten den Mond und sehen, in welchem Zeichen er sich befindet. Das bringt uns unserem natürlichen körperlich-emotionalen Rhythmus näher. Ob es jetzt mit Hilfe der Biorhythmen, emotionaler Hochs und Tiefs, Energieebenen oder Mondzeichenbeobachtung geschieht, es ist immer nützlich, irgendein Hilfsmittel zu haben, um unsere ständig wechselnden Emotions- und Energieabläufe zu messen.

Wenn wir unseren Gemütszustand über eine längere Zeit beobachten, taucht ein Muster auf. Biorhythmen und Mondzeichen zeichnen diese Muster auf.

Wie alle anderen Hilfsmittel werden die Mondzeichen sinnvoll gebraucht und auch mißbraucht. Sinnvoll angewandt, kann uns das Mondzeichen auf den fließenden Wechsel einstimmen, den wir immer mitmachen, der Wechsel zwischen aktiv und passiv, nach außen und nach innen gekehrt, yin und yang...

Es gibt für alles eine Zeit...

Sinnvoll angewandt erfahren wir die Stärken eines jeden Zeichens...(Mißbrauchen wir unser Wissen, dann erfahren wir die Schwächen eines Zeichens, benutzen das Mondzeichen oder unser Sonnenzeichen als Ausrede, um uns nicht mit etwas auseinanderzusetzen oder um etwas nicht zu tun.)

Schau, in welchem Zeichen der Mond steht – und schau, wie du dich fühlst...und wie andere sich fühlen...Jeden Monat wandert der Mond durch alle 12 Zeichen – durch den ganzen Kreislauf. Beobachte es über mehrere Kreisläufe hinweg, du wirst dir der allgegenwärtigen Entsprechungen bewußt werden... beobachte weiter, ein Muster taucht auf... ein Muster, das alle unsere vielfältigen Gefühle und Handlungen abbildet...

Etwas, das uns das Beobachten des Mondes lehrt, ist Geduld. Und daß alles vorübergeht.

Etwas anderes, was es uns lehrt, ist die Kunst und Lehre der Astrologie selbst – deine wiederkehrenden Gefühlsmuster, wenn der Mond durch ein Zeichen geht, sagen dir mehr über dieses Zeichen, als viele Worte über anderer Leute Erfahrungen, Ideen und Deutungen zu lesen...

Herkömmliche Astrologie: Gebrauch und Mißbrauch

Das Werkzeug Astrologie wird in den heutigen Zeitungen, Büchern und Deutungen häufig mißbraucht. Das bedeutet aber nicht, daß das Werkzeug an sich nicht nützlich ist – das bedeutet nur, daß es mißbraucht wurde. Wir wollen nicht darüber urteilen, wie es von manchen Leuten mißbraucht wurde...

Ich beschäftigte mich einige Jahre mit der ‹herkömmlichen› Astrologie und hörte dann auf... ich gab es auf... weil mich die Ergebnisse der ‹herkömmlichen› Astrologie überhaupt nicht befriedigten... die Leute benutzten sie so oft als Ausrede, Rechtfertigung für ihre Schwächen und Fehler, auf die Weise, daß sie anderen ihre am wenigsten entwickelten Wesenszüge vorwarfen.

Später traf ich dann aber einige Sufis, die auf ganz andere Art mit Astrologie zu tun hatten. Auch traf ich einen sehr guten Lehrer aus Tibet, der auch auf eine ganz andere Art mit der Astrologie umging... eine Art, die Wachstum fördert, anstatt es irgendwie zu verhindern.

Wenn ich jetzt auf die ‹herkömmliche› Astrologie zurückblicke, sehe ich sie in ganz neuem Licht: Ich erkenne, wie sie die Mentalität überkommener viktorianischer und puritanischer Grundanschauungen widerspiegelt...

Deshalb gibt es in der herkömmlichen Astrologie einiges, was man fürchten muß – wie zum Beispiel den Planeten Saturn, das 12. Haus, die Zeichen Skorpion und Fische und den absteigenden Mondknoten... Und vieles andere wird in einem vernebelten, verschwommenen, unklaren Licht gesehen, wie die Zeichen Jungfrau und Steinbock, der Planet Neptun und Quadrat- oder Oppositionsaspekte... Diese ganzen Deutungen führen zu Auslegungen, die in vielen Bereichen Verzicht, Reue und Einschränkungen proklamieren – auch wenn es nicht unbedingt notwendig ist... Jetzt taucht eine ‹neue› (eigentlich eine sehr alte) Astrologie auf, die eine ‹neue›, klarere Art und Weise, zu leben und die Dinge zu sehen, zum Ausdruck bringt.

Puritanische und viktorianische Vorstellungen sind längst zerbröckelt, sind vom erwachenden Existentialismus untergraben worden und vollkommen ausgelöscht durch das Erwachen des Neuen Zeitalters. Es ist an der Zeit, daß auch unsere astrologischen Modelle und Vorstellungen sich ändern...

Der Planet Saturn wird nicht länger als einschränkende und hemmende Kraft betrachtet – statt dessen sehen wir in ihm die Klugheit, die mit dem Alter wächst... die Macht von Wachstum und Erfahrung... die Macht, die Energien sammelt...

Wir betrachten das 12. Haus nicht mehr als das Haus der Gefängnisse und geschlossenen Anstalten und der tiefen, unergründlichen Ängste, die in den geheimsten Winkeln unseres Unterbewußtseins verborgen sind – wir sehen statt dessen in ihm das letzte Haus, den Höhepunkt allen Verstehens... die letzten Wahrheiten liegen hier... und es enthält auch das, was wir tief im Innern, unmittelbar und ohne Mühe aus vergangenen Leben und Erfahrungen wissen...

Skorpion und Fische werden nicht länger gefürchtet und abgelehnt – wir sehen sie statt dessen als Zeichen der Umwandlung, Schönheit und Wunder... Skorpion mit all seinen vielfältigen Energien wichtiger Bestandteile dieser Welt und Fische, jenseits der Welt, mit ihren starken, feinen psychischen Energien... ihrem mystischen Weitblick.

Durchs Jahr

Eine gute Meditation für den Monat...

...**des Widders** ist, aufbrechen...neu beginnen...die Freude eines Kindes...

...**des Stiers** ist, entspannen...die Mitte finden, Wurzeln schlagen...verbunden sein mit Erde und Natur...

...**der Zwillinge** ist, den Verstand schärfen und sinnvoll gebrauchen.

...**des Krebs** ist, das wirkliche Glück in sich finden...Antworten in sich suchen.

...**des Löwen** ist, sich nach außen wenden, strahlen...

...**der Jungfrau** ist, lieben, dienen und heilen.

...**der Waage** ist, schön sein, Schönheit und Harmonie um uns herum schaffen.

...**des Skorpions** ist, die Lehren des Augenblicks annehmen, nichts abwehren...die fortwährende Umwandlung...

...**des Schützen** ist, die unendlichen Möglichkeiten entdecken, die wir haben, um uns zu erforschen, uns zu entwickeln, zu lernen und zu wachsen.

...**des Steinbocks** ist das mühelose Meistern der physischen Ebene, Vervollkommnung...

…**des Wassermanns** ist loslassen! Frei sein hier und jetzt…frei, um einzigartig und verwandlungsfähig zu sein…was dein Herz begehrt.

…**der Fische** ist, die größten Wunder zu entdecken…das Letzte …das Mystische…Stille.

Zusammenpassen – oder nicht?

Die herkömmliche Astrologie lehrt, daß sich bestimmte Zeichen mit bestimmten anderen Zeichen vertragen und mit anderen wieder nicht ... (Man sagt, daß Luft- und Feuerzeichen und Erd- und Wasserzeichen zusammenpassen, daß aber Verbindungen zwischen Luft-Erde, Luft-Wasser und Feuer-Erde, Feuer-Wasser nicht zusammenpassen.)

Ich glaube, daß diese Ansicht aus mehreren Gründen beschränkt und unrichtig ist:

Vor allem ist sie lediglich auf einer Verallgemeinerung des Sonnenzeichens begründet, und ein Mensch hat mehr Tiefe und Komplexität als nur sein Sonnenzeichen.

Aber am wichtigsten ist: Meine Erfahrungen haben es nicht erwiesen. Ich bin ein Krebs, ein Mondkalb ... meine beiden längsten und bedeutungsvollsten Liebesbeziehungen waren die mit einem Widder und einer Waage – zwei Zeichen, die angeblich nicht zu mir passen! Eine große Anziehungskraft besaß auch ein Schütze – ein anderes Zeichen, mit dem ich mich angeblich nicht vertrage ... Ich habe diese Beziehungen als höchst verträglich empfunden ...

Tatsächlich glaube ich, daß Beziehungen zwischen den sogenannten ‹unverträglichen› Zeichen oft die fruchtbarsten sind, weil jeder dem anderen so viel beibringen kann: auf andere Art zu sehen und zu handeln. Wenn wir unseren Blickwinkel vergrößern, wachsen wir.

Deshalb glaube ich, daß im wesentlichen alle Zeichen zusammenpassen – jedes ist ein vollkommener Teil eines vollkommenen Ganzen ...

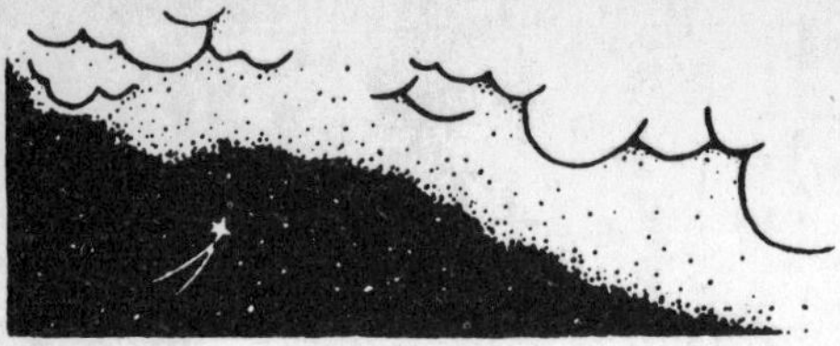

Transite

Wenn wir die Transite – wo die Planeten *jetzt* stehen – mit einbeziehen, geben wir der Astrologie eine ganz neue Dimension... Das kann sehr bedeutungsvoll werden, weil es uns aufzeigt, was geschieht, und wir vielleicht sogar Zugang zur Kunst der Weissagung bekommen, die uns sehen läßt, was geschehen wird...

Wenn du schaust, wo die Planeten jetzt stehen, wo sie stehen werden oder zu einem bestimmten Zeitpunkt standen, erfährst du eine Menge in kürzester Zeit. Alles, was du brauchst, sind Ephemeriden –Tabellen der Planetenpositionen. Schau nach, wo die Planeten jetzt stehen – oder zu jeder beliebigen Zeit, für die du dich interessierst. Nur schon das zu tun, wird dir eine Menge mitteilen... Nimm dir Zeit, schau nach, in welchem Zeichen ein Planet steht und denke eine Weile darüber nach...

Setze dann die Planeten in dein Geburtshoroskop ein – oder in ein anderes, das dich interessiert...

Achte darauf, in welchen Häusern die Planeten wirken... Stelle fest, ob es Konjunktionen zwischen den Transitplaneten und den Planeten bei deiner Geburt gibt – das hat eine ganz besondere Bedeutung, die Verbindung der Energien der beiden Planeten ... Stelle fest, ob es Quadrate oder Oppositionen gibt – hier liegen Schwierigkeiten, Herausforderungen und/oder Entwicklungsmöglichkeiten.

Verfolge den Lauf der Planeten... Sonne und Mond zu beobachten, ist besonders wichtig... Schau, wann sie die Zeichen wechseln, beobachte, wie andere fühlen und handeln... Das ist ein wunderbarer Weg, um sich selbst auf einer tiefen, unmittelbaren Ebene zu verstehen.

Der Saturnzyklus ♄

Der Saturnzyklus ist ein sehr wichtiger Teil der astrologischen Deutung. Er führt die Deutung ins Reich der Transite – hier wird der Lauf der Planeten seit dem Augenblick deiner Geburt berücksichtigt.

Jeder Planet braucht eine gewisse Zeit, um durch alle zwölf Zeichen zu laufen und zu seiner ursprünglichen Position in einem Horoskop zurückzukehren. Der Mond braucht nur einen Monat. Die Sonne braucht ein Jahr... Merkur und Venus stehen nahe bei der Sonne, deshalb bewegen sie sich durch alle Zeichen in der Nähe der Sonne... Jupiter braucht etwa zwölf Jahre für einen vollständigen Kreislauf durch alle zwölf Zeichen. Saturn benötigt 28–30 Jahre, um einen vollständigen Kreislauf zu beschreiben.

Weil Saturn ein Symbol der Klugheit ist, die mit dem Alter wächst, ist gerade sein Zyklus wichtig, um unsere Entwicklung widerzuspiegeln... Alle sieben Jahre beschließt Saturn ein Viertel des Kreises – und wir betreten eine neue Bewußtseinsstufe.

Zur Zeit der Saturnwiederkehr, wenn du 28 oder 29 Jahre alt bist und in deinen späten Fünfzigern (und noch einmal in den Achtzigern), hast du Gelegenheit, auf eine klarere, höhere, reifere Bewußtseinsebene zu gelangen. Leider haben viele Menschen unseres Kulturkreises eine Menge Vorbehalte, wenn sie auf die Dreißig zugehen und was das Altwerden betrifft. Du kannst all diese Vorbehalte über Bord werfen – sie sind unnötig. Indem wir älter werden, wachsen wir, vertiefen uns und entwickeln uns weiter.

Folgendes habe ich einem Brief an eine Freundin entnommen, die sich Sorgen über ihre Saturnwiederkehr – wenn der Kreislauf sich schließt – und darüber, dreißig zu werden, machte:

Mach dir keine niederdrückenden Vorstellungen über deine Saturnwiederkehr – es braucht gar nicht so schlimm zu sein. Das Ganze ist eine Kulturneurose (auch was das dreißig werden für Frauen und einige Männer bedeutet) – das ist doch alles Unsinn.

Du mußt es einmal so sehen:

Saturn symbolisiert Erfahrung, Klugheit, die mit dem Alter wächst... Wenn er wiederkehrt, ist er durch jedes Zeichen und jedes Haus gewandert – durch jeden menschlichen Erfahrungsbereich. Deshalb ist die Saturnwiederkehr eine bedeutungsvolle Zeit. Du erreichst eine neue Verstandesebene, du siehst dein Leben aus einem weiteren, umfassenderen Blickwinkel. Deine Lebensaufgabe wird deutlicher, deine Arbeit konzentrierter und weitaus lohnender, auf geistiger und materieller Ebene...

Happy re-birthday

Beschäftige dich noch einmal mit diesen Symbolen

Bedenke:

‹unentwickelt›, ‹sich entwickelnd› und ‹entwickelt› bedeutet letztlich doch ein und dasselbe...

Diese Symbole sollen nicht dazu beitragen, zu trennen und Unterschiede zu machen... sie sollen helfen, sich auf tiefster Ebene zu vereinigen und zusammenzuwachsen.

Auf der Verstandesebene gibt es viele Unterscheidungen...

Auf der Ebene des Herzens, der unmittelbaren Ebene, gibt es keine Unterscheidungen...

Nicht daß wir den Verstand ablehnen sollten: Auch er hat Sinn und Zweck: Wie die Astrologie ist auch er ein Werkzeug, das man sinnvoll anwenden soll...

Herz und Verstand in Harmonie...

Allumfassend

Diese Meditation ist eine gute Übung, um alle Zeichen kennen und lieben zu lernen.

Zuerst entspanne dich... dann:

Wende dich mit deinem geistigen Auge einem Zeichen zu, besonders den Zeichen, mit denen du Schwierigkeiten hast...

Mach dir im Geiste ein Bild von dem Zeichen... denke an Personen, die du kennst und/oder an die Urprinzipien des Zeichens...

Denke an seine unentwickelten, sich entwickelnden und entwikkelten Stufen...

Versuche, jedes Zeichen vollständig zu akzeptieren... ihm mit Liebe zu begegnen...

Es gibt bei keinem Menschen etwas, was wir ablehnen dürfen ... wir leben alle das Schauspiel, das für uns geschaffen ist...

Erkenne, daß jedes Zeichen ein Antlitz Gottes ist.

Jedes Zeichen ist ein Pfad zur Vollkommenheit.

Jedes Zeichen zeigt einen Weg zum kosmischen Bewußtsein, das alle Zeichen umfaßt.

Die Bewegung der Planeten

Eines der ungebräuchlichsten – und doch sehr nützlichen – Mittel, auf das ich gestoßen bin, um Astrologie zu lernen, ist der ‹Gang der Planeten›. Ich habe ihn von einem Sufi namens Abraham gelernt, einem Nachfolger des großen Samuel Lewis, auch Sufi Sam genannt.

Sufi Sam lehrte, daß du Astrologie auch *körperlich* erfahren kannst, durch deine Bewegungen... Du kannst die Energie eines Planeten darstellen und so die Energie, die dieser Planet repräsentiert, besser verstehen lernen.

Jeder Planet hat seine eigenen, einzigartigen Energien, wir können ihnen Ausdruck verleihen, sie sogar, wenn es notwendig ist, *herbeirufen*, mit unseren Bewegungen. Man beginnt damit, daß man ganz einfach in einem großen Kreis geht – alleine oder in der Gruppe.

Geh dann zuerst ganz ‹normal›, langsam und entspannt. Konzentriere dich dann auf einen der Planeten und bewege dich jetzt so, daß du eine Verbindung zu den Energien dieses Planeten spürst... Bald beginnst du den natürlichen ‹Energiefluß› des Planeten zu erleben. Du kannst die Energie ganz eindeutig fühlen, die du selbst schaffst. Und du kannst sie herbeirufen, wenn du es willst.

Der Gang der Sonne

Für den Sonnengang mußt du schreiten. Dein Schritt wird kräftig, ‹sonnig› – freudestrahlend. Du merkst natürlich, daß du schneller wirst. Sammle deine Energie im Kopf, in den Schultern und im Herzen – hoch, klar und leuchtend … Konzentriere dich aufs Einatmen, stell dir vor, daß du jedesmal, wenn du einatmest, deinen Kopf, deine Schultern und dein Herz – dein ganzes Wesen – mit Stärke und Licht füllst. Der Gang der Sonne ist gut, wenn du Treppen oder auf Berge steigen willst. Stell dir vor, daß dich jedes Einatmen mühelos hebt.

Die Sonne ist unser Lebensquell – halte die Verbindung mit der Lebenskraft … empfinde sie nach … ruf sie herbei … wirf dein Licht auf alles, wie die Sonne.

Der Gang des Mondes

Der Gang des Mondes ist ruhig, langsamer als der Gang der Sonne, passiv, tief … Du gehst sanft, leicht, mühelos – fast wie wenn du gar nicht da wärst … werde vollständig leer, vollständig empfangend … konzentriere dich aufs Ausatmen, stell dir vor, daß du jedesmal, wenn du ausatmest, alles, was du festhältst und/oder mit dem du dich identifizierst, losläßt, so daß du leer und offen wirst – ein Gefäß, das darauf wartet, gefüllt zu werden. Schaffe einen leeren Raum, in den der Atem des Universums strömen kann.

Der Gang des Mondes ist gut, wenn du dich in der Natur bewegst oder in einer Umgebung, wo du feinfühlig und empfänglich sein willst. Oder rufe die Mondenergie herbei, wenn du steile Berge oder Treppen hinabsteigen mußt – stell dir nur vor, daß jedes Ausatmen dich leicht und sicher nach unten bringt.

Der Mond ist Symbol für unser ‹Unterbewußtes›, unsere Verbindung mit jedem und mit allem Wissen des Universums … Werde leer, und du wirst gefüllt werden …

Der Gang Merkurs

Die fünf folgenden Planetengänge sind die der fünf alten Planeten, von Merkur bis Saturn. Sie beschreiben auf einer Ebene den Lebenslauf eines Mannes oder einer Frau, von der Kindheit bis zum Alter.

Der Gang Merkurs ist schnell, aktiv, kindlich...Er eilt geschwind mit geflügelten Fersen...mit der Schnelligkeit der Gedanken...oft kann er sich nicht lange auf eine Sache konzentrieren, wie ein kleines Kind...

Merkur besitzt hohe geistige Fähigkeiten. Du kannst die Merkurenergie herbeirufen, wenn du schreiben, lernen oder dich klar ausdrücken und deutlich mitteilen willst. Du kannst Merkurenergie herbeirufen, um dir bei deinem schöpferischen Vorhaben zu helfen, und sogar, um deinen Freunden in ihren schöpferischen Träumen beizustehen (siehe hierzu Israel Regardies wunderbares Büchlein *Die wahre Heilkunst*).

Der Gang der Venus

Jetzt werden wir wieder langsamer, um die Energie der Venus herbeizurufen. Venus ist das junge Mädchen, das gerade bemerkt hat, daß es schön ist. Der Gang ähnelt in mancher Hinsicht dem des Mondes, doch besitzt der Gang der Venus ein ‹Ich›, ein Bewußtsein des Selbst, das im Gang des Mondes noch nicht vorhanden ist.

Dieser Gang ist magnetisch, anziehend und wirklich kraftvoll ...und doch ist er auch unschuldig, die Liebe der Welt ausstrahlend. Manch einer nimmt den Gang der Venus ganz selbstverständlich an, wenn er sich verliebt (engl. fall in love). Venus hat ein offenes Herz, alle umarmend in ihrer überschäumenden Liebe.

Der Gang des Mars

Mars ist der junge Mann, aggressiv, stark, schöpferisch und vielleicht auch gewalttätig, wenn man ihn zurückhält...Richte deine Aufmerksamkeit auf dein drittes Chakra (‹Hara› – Sonnengeflecht oder Solar Plexus) und sammle dort die Energie deines Ganges. Finde deine Mitte, sei stark! Du kannst eine ganze Menge physischer Energie aus den Beinen und aus der Magengegend bekommen – den sogenannten «unteren Bereichen».

Es ist nützlich, die Marsenergie dann herbeizurufen, wenn du Schwerarbeit verrichten willst, besonders dann, wenn du schwer heben oder tragen mußt. Es ist auch gut, mit ihr in Verbindung zu stehen, wenn du dich schwach oder entkräftet fühlst oder vielleicht jemandem deine eigene Kraft gegeben hast. Hol dir deine Kraft zurück! Du kannst dich auf ungeheuer viele Arten schöpferisch ausdrücken!

Der Gang Jupiters

Mit dem Gang Jupiters kommen wir ins Mittelalter – eine Zeit des Wachstums, der grenzenlosen Entfaltung... eine Zeit des Überflusses... Laß deine Schritte größer, fester, bestimmter werden. Jetzt, nachdem du die Energie des Marsganges bekommen hast, fühle, wie deine Aura – und dein ganzer Körper – sich ausdehnt, immer größer wird... Du wirst gewaltig, kräftig und erfolgreich, wenn du die Energien Jupiters herbeirufst und wieder ausstrahlst...

Spüre, wie dein Gang würdevoll und sicher wird... Hier schreitet Jupiter, der mächtige Führer.

Rufe die Jupiterenergie herbei, wenn du deinen Reichtum vermehren willst, wenn du deine Schaffenskraft steigern willst, wenn du im Geschäftsleben erfolgreicher sein willst oder wenn du großzügiger sein willst.

Der Gang Saturns

Saturn ist das Symbol für einen alten Menschen... Gehe langsamer... vertiefe deine Aufmerksamkeit... Saturn übertrifft Jupiter mit seinem Verständnis: Saturn versteht das Wesen der Begrenztheit, wie zum Beispiel der Zeit, die Klugheit und Einsicht bringt, wenn man älter wird...

Gehe langsamer, geduldiger und gründlicher. Du bist jetzt bereit, diesen Körper zu verlassen und dich in einem viel größeren Körper zu entfalten, symbolisiert durch die äußeren Planeten...

Der Gang des Uranus

Jetzt bewegen wir uns jenseits der physischen Ebene mit den transzendentalen Energien der äußeren Planeten...

Der Gang, der die Energien von Uranus darstellt, ist schnell, explosiv, veränderlich, nie zu lange in einem Rhythmus bleibend – sobald sich ein Muster abzeichnet, wird es von der spontanen, sich immer verändernden Energie des Uranus zerstört. Lenke deine Aufmerksamkeit zur Krone deines Hauptes – deinem siebten Chakra – sei frei und spontan, tu das, wofür du die Kraft hast...

Erlebe die ‹verrückte Weisheit›, von der viele tibetanische Buddhisten sprechen. Uranus ist der erste Planet in dieser Reihe, der die Form des Im-Kreis-Laufens zerstört – bewege dich in jede Richtung, überallhin, schnell oder langsam...

Laß deinen Geist in die Luft steigen...

Der Gang Neptuns

Für den Gang Neptuns werden wir wieder langsamer, denn Neptun ist ruhig und klar auf die Mitte gerichtet, alles erkennend ... Richte deine Aufmerksamkeit auf dein ‹drittes Auge› zwischen den Augenbrauen (dem sechsten Chakra)... werde still und empfänglich... erkenne, daß du ein Hellseher, ein Medium bist, daß du in Verbindung stehst mit deiner eigenen höheren Intelligenz, deinem größeren Wesen.

Gehe langsam und richte dich nach innen.

Der Gang Plutos

Die Energie des Planeten Pluto ist ein Quantensprung über Uranus und Neptun hinaus, genauso wie diese ein Quantensprung über die inneren Planeten hinaus sind. Die Sufis lehren, daß die Energie Plutos zu weit entfernt wirkt, um durch die physikalische Form des Laufens ausgedrückt zu werden. Deshalb sitzen sie in einem Kreis und singen ein Mantra, um Plutos Energie darzustellen:

Gaté, gaté, paragaté
parasamgaté, Bodhi, Swaha!

Ich habe versucht, es wie folgt zu übersetzen (in Anlehnung an Allen Ginsberg):

Gegangen, gegangen über das Gehen hinausgegangen,
wirklich gegangen! Schau das Licht!
So ist es!

Ode an die Planeten

Folgende Texte schrieb ich, um diese Planetengänge zu begleiten ...Diese Worte sind meine Eindrücke von den Planeten...Ich hoffe, daß sie dem Leser ein Gefühl für die Energien der Planeten vermitteln.

Sonnenenergie! ☉

Strahlender Glanz!
Überschäumende Kraft des Tageslichts
Stolzer Schritt der Sonne
Herr des Lebens
Herr des Tages

Ins rechte Nasenloch
    durch die rechte Körperhälfte
    strömt die allgegenwärtige Yangenergie
        des Universums

Atme reine Energie!
Atme reines Licht!
    Wir sind reine Energie
    Wir sind reines Licht!

Diese Energie fließt durch uns hindurch,
    löst alle eingebildeten
        Unreinheiten
Das Feuer der Sonne reinigt uns

Und wir münden lobpreisend
in den Strom deiner Energie –

Gegrüßt sei die Sonne!
Strahlender Glanz!

Des Mondes Wunderwerk…

Wir spüren deine Energie
tief drinnen

Ein herrliches Spiegelbild
Der Sonne goldene Majestät vereint
mit ihrer silbernen Geliebten:
Reine göttliche Leere!
Unsere Mutter
Königin der Nacht

Leiser Schritt des Mondes –
leise, wie eine Katze
Aus unserem linken Nasenloch,
ausatmend,
strömt die allgegenwärtige
ewig leere Yin-heit
des Universums

Wir sind reine Leere
reiner Raum
reine Energie

Diese Energie fließt durch uns,
löst tief in uns das ganze eingebildete Ich
die ganze eingebildete Persönlichkeit
die ganze eingebildete Schöpfung

Und selig münden wir
in den Strom deiner Energie
mühelos fließend
in der Leere

Mondbahn Wunderwerk
schimmernde Leere…

Geflügelter Merkur!

Auf flinken Füßen, schnell wie ein Gedanke
Geschwindes Kind, Götterbote
Geflügelte Merkurenergie ☿
Ruheloses Quecksilber
Wunderwerk unseres Geistes
Augenblickliche Verbindung
mit dem All
Augenblickliches Schöpfungswerk
mit der Geschwindigkeit des Gedankens

Merkur geschwind wie der Wind
verbirgt die Geheimnisse von Hermes
dem Gauner
blitzschnell zur Stelle
schillernd

Merkur –
alte Kraftquelle
der Menschheit –
sein schnelldenkender Geist –
verbindend mit der Geschwindigkeit
des Lichts!

Liebliche Venus!

♀

Schöne Geliebte,
Göttliche Shakti,
Dein Gang ist so fließend
Deine Energie ist so strahlend
Dein ewig jugendlicher
Zauberfunken,
du weißt, daß du schön bist
du weißt, daß du geliebt wirst
denn du bist Liebe

Liebliche Venus,
Jedermanns Shakti,
Freundin aller
Starken Herzenergie
Starken Orgasmusenergie

Eins mit dem Universum
durch deine Liebe

durch dein Mantra –

‹Liebe mich ... liebe mich ... liebe mich ...
‹Liebe dich ... liebe dich ... liebe dich ...
‹Liebe ... liebe ... liebe ...›

Marsenergie!

♂

Strammer Straßenkämpfer Mars
Jung und heiß
Losgelassenes Yang
Aufrecht und stark
die Kraft der Schöpfung!
Energie im Lingam!
Energie im Sonnengeflecht!
Zweites und drittes Chakra
in Flammen!

Es gibt einen Krieg zu führen
Dämonen zu bezwingen
Laß flammendrote Energie
lodern!

Marsenergiestrom...

Auch er ist eins mit dem Universum
durch sein Verlangen –
Vereinigung mit Yoni
Verzückt und begeistert von allem

Jupiter!

♃

Beständig wachsend,
Keine Grenzen kennend
Gewaltiger Solar Plexus, gewaltiger Leib
Füllt den Raum
    mit guten Schwingungen
Und überschüttet alle mit seiner Großzügigkeit

Freundlicher Jupiter,
    der Nikolaus des Sonnensystems
So groß! Fast ein Stern!
Immer größer! Immer weiter!
    Immer Glück bringend, immer glücklich
        Majestätische purpurne Macht!

Welche Freude in seinem Gang!
Das Universum ist absolut
        vollkommen!

Müheloser Energiefluß
    ewiger Entfaltung

Saturn…

Alt und leise, langsam und weise,
alles bedächtig prüfend
Dein Körper kennt jetzt den Schmerz,
Du alterst…
Vater Zeit…

Saturn schaut bedächtig ♄
und erkennt so
die Weisheit der Alten
Die Weisheit des Alters
den Sinn der Ordnung
die Bedeutung der Ausgeglichenheit
die Notwendigkeit von Begrenzungen

…also ist er ein Meister

Alt und weise, langsam und weise,
der Energiestrom
zum Verstehen

Uranus Explosion!

Kronenchakra – Verbindung mit dem
Universum!
Wilde Wassermannenergie
vor Freude weinend
«Wir alle sind auf der siebten ♅
Bewußtseinsstufe
immerfort»

Siebtes Chakra!
Siebter Himmel!

Gibt es einen gleichbleibenden Rhythmus
wird er zerschlagen –
Immer wieder neue Formen
jenseits dieser Form
Jenseits unseres Körpers
Sind wir reine Energie!

Springen, wirbeln, schwanken,
innehalten, springen, langsamer werden,
schwanken, wirbeln, innehalten,
schwanken…

Die Erinnerungen sind verweht!
Freudentaumel!
Verrückte Weisheit
Zerschlägt alle Vorstellungen!

Endlose Energieströme!

Neptun in der Tiefe

♆

Tiefer, dunkelblauer Ozean
des Bewußtseins

Weiser Mann in Raum und Zeit

Das Chakra des dritten Auges
Alles erkennend und verstehend

ruhig und klar

Tiefes Blau der Unendlichkeit
Jenseits der Dualität

Die Energie ballt sich
zwischen den Brauen
(Neptuns Dreizack –Shivas Zeichen!)
und dann

Sehen wir mit klareren Augen
über die sterblichen Augen hinaus
in den Raum
ohne Mittelpunkt

wir sind reine Energie
reines Licht

ruhig und klar

tiefes Blau des unendlichen...

Pluto

Jenseits von Worten

Gaté Gaté Paragaté
Parasamgaté
Bodhi
Swaha!

Gegangen, gegangen, über das Gehen hinausgegangen,
Wirklich gegangen
Schau das Licht!
So ist es!

♇

Die Wochentage

Die meisten Leute sind sich nicht einmal bewußt, daß die Wochentage nach Planeten benannt sind – und auch in früheren Zeiten waren. Ich glaube, daß das eine tiefe Bedeutung hat – eine Erkenntnis, die uns eine Menge über das Wesen der Tage mitteilt:

Samstag (Saturday) ist der Saturntag, ein guter Tag für Weiterentwicklung und Vervollkommnung.

Sonntag ist der Sonnentag, ein guter Tag zur Verjüngung, für gute Beziehungen zu anderen.

Montag ist der Mondtag, ein Tag, um sich auszuruhen, nach innen zu gehen. Oft spürt man es (‹blauer Montag›). Es ist nicht der beste Tag, um die Arbeitswoche zu beginnen.

Dienstag ist der Marstag, (Dienstag geht auf die althochdeutsche Form Ziu des Namens des germanischen Kriegsgottes zurück; im Französischen: Mardi), ein guter Tag für Arbeit, körperliche Tätigkeiten, schöpferische Einfälle. Hüte dich vor Zusammenstößen mit deinem Ich.

Mittwoch ist der Merkurtag (französisch: Mercredi), ein sehr guter Tag für geistige Arbeit, Kommunikation, Geschäfte, Besuche, Zusammenkünfte, Schreiben.

Donnerstag ist der Jupitertag oder Thorstag (der nordische Jupiter), meistens ein umfangreicher, bedeutungsvoller Tag. Gut für Entwicklung, Schaffenskraft und angenehme Begegnungen.

Freitag ist der Venustag (italienisch: Venerdi), gut für Liebesbeziehungen … und auch, um sich künstlerisch auszudrücken und Schwierigkeiten beizulegen.

Jeder Tag hat seine besondere Energie. Stimme dich auf sie ein – merke dir deine Gefühle an jedem Wochentag und schau, ob du ein wiederkehrendes Muster herausfindest. Dieses Muster zu kennen, könnte sehr nützlich sein, wenn du Pläne machst …

Der Lebenskreis

Jedes Zeichen ist in sich
vollkommen,

So wie jede Jahreszeit
ihren rechten Platz hat.

Jedes Zeichen, jede Zeit,
hat eigene Lehren,
eigene Stärken,
eigene Vollkommenheit.

Die Jahreszeiten und die Zeichen
sind alle Teile
eines ganzen, magischen Kreislaufes...
der Kreislauf des Jahres,
der Kreislauf des Lebens.

Jeder ist ein Teil des Mandala...
Teil des Medizin-Rades...
das ist unser Universum,
das sind wir.

Das ist der Lebenskreis.

Eine einfache Methode, ein Horoskop zu erstellen

Es gibt viele verschiedene Arten, ein Horoskop zu erstellen – obwohl sie alle das gleiche tun: die Stellung der Planeten, einschließlich der Sonne und des Mondes und «besonderer Punkte» am Himmel festlegen für eine Geburtszeit oder für jeden beliebigen Augenblick, der dich interessiert.

Am Anfang, als ich lernte, Horoskope aufzustellen, brauchte ich etwa drei Stunden und berechnete die Stellung der Planeten auf die Sekunde genau (jeder Grad des Horoskopes besteht aus 60 Minuten, jede Minute aus 60 Sekunden). Nach einigen Jahren stellte ich schließlich fest, daß es unnötig ist, so genau zu sein – auf den Grad genau zu rechnen, ist für beinahe jeden Zweck vollkommen ausreichend. Jetzt wende ich eine einfachere, schnellere Methode an, die ich im folgenden erklären werde.

Zuerst zeige ich die einzelnen Schritte im allgemeinen auf und dann noch einmal ausführlicher an einem Beispiel. Für dein erstes Horoskop wirst du vielleicht ein paar Stunden brauchen, aber wenn du dann Übung hast, solltest du ein Horoskop mit dieser Methode in 30–45 Minuten erstellen können.

Nötige Hilfsmittel:

- Einen Atlas oder eine Karte Europas oder der Welt, auf der du den Breitengrad des Ortes feststellen kannst, an dem der Horoskopeigner geboren ist.
- Eine *Tabelle der Himmelsmitten und Aszendenten.*
- *Ephemeriden,* Tabellen, die die Planetenstellungen angeben.

Zum Beispiel die Deutsche Ephemeride aus dem O. W. Barth Verlag, die Golgge-Ephemeride aus dem H. Bauer Verlag oder The Concise Planetary Ephemeris 1900–1950/1950-2000, zu beziehen durch Manjushri-Mandala, Dingbängerweg 444, 4400 Münster.
- Ein leeres Horoskopschema. Du kannst es selbermachen oder über Fachverlage beziehen.

Eventuell noch:

- *Häusertabellen*, wenn du das meistgebrauchte Häusersystem anwenden willst (ich benütze es nicht, aber die meisten tun es).
- Ein Sortiment farbiger Stifte. Ich glaube, daß Horoskope an Tiefe gewinnen, wenn man Farben verwendet, denn verschiedene Farben haben auch verschiedene Frequenzen, die den verschiedenen Energiearten der Zeichen, Planeten und ‹besonderen Punkte› entsprechen. Ich benütze gewöhnlich rot für die Feuerzeichen, braun für die Erdzeichen, hellblau für die Luftzeichen, dunkelblau für die Wasserzeichen, golden für die Sonne, silbern für den Mond, hellblau für Merkur, grün oder türkis für Venus, rot für Mars, purpurrot für Jupiter, braun oder grau für Saturn, orange für Uranus, dunkelblau für Neptun, schwarz für Pluto... Nimm andere Farben, wenn dir danach ist – nimm die, die dir richtig erscheinen. Ich mag Farben, weil die Leute sie gefühlsmäßig deuten, ohne den Verstand einzusetzen.
- Zeitverschiebungstabellen, mit deren Hilfe du feststellen kannst, ob Standardzeit (Normalzeit) oder Sommerzeit eingeführt war. Zum Beispiel *Time Changes in the USA* und *Time Changes outside the USA*.

Um ein Horoskop für einen beliebigen Tag, eine beliebige Zeit, für die du dich interessierst, zu erstellen:

Zeichne oder kaufe dir zuerst einmal ein Horoskopschema. Im Grunde ist es nur ein Kreis mit 360°, unterteilt in 12 Häuser, von denen jedes 30° umfaßt.

Dann notiere dir: Datum, Zeit, Ort. Du brauchst diese drei Angaben, um ein vollständiges Horoskop zu machen.

Die Häuserspitzen berechnen:

Nimm Atlas oder Landkarte zur Hand und stelle den Breitengrad fest. (Der Breitengrad zieht sich horizontal um die Erde; der Längengrad vertikal. Für ein einfaches Horoskop müssen wir den Längengrad nicht unbedingt berücksichtigen.) Notiere den Breitengrad.

Schlage in der Tabelle der Himmelsmitten und Aszendenten das Datum auf, das du brauchst. Eine Seite sieht zum Beispiel so aus:

October 31

HOUR A.M.	S.T. h.m.	M.C.	Ascendant at Latitude North 5°	10°	20°	25°	30°	35°	40°	45°	50°	55°	60°
0000	2 36	♉ 11	♌ 8	♌ 10	♌ 13	♌ 14	♌ 16	♌ 18	♌ 20	♌ 21	♌ 24	♌ 26	♌ 28
0100	3 36	26	23	24	26	28	29	♍ 0	♍ 1	♍ 3	♍ 4	♍ 6	♍ 8
0200	4 36	♊ 11	♍ 8	♍ 9	♍ 10	♍ 11	♍ 12	12	13	14	15	16	17
0300	5 36	24	24	24	24	25	25	25	25	25	26	26	26
0400	6 37	♋ 8	♎ 10	♎ 9	♎ 9	♎ 8	♎ 8	♎ 8	♎ [illegible]	♎ 7	♎ 7	♎ 6	♎ 6
0500	7 37	22	25	24	23	22	21	20	19	18	17	16	15
0600	8 37	♌ 7	♏ 10	♏ 9	♏ 6	♏ 5	♏ 4	♏ 3	♏ 1	30	28	26	24
0700	9 37	22	25	23	20	18	17	15	13	♏ 11	♏ 9	♏ 6	♏ 4
0800	10 37	♍ 8	♐ 9	♐ 7	♐ 3	♐ 1	29	27	25	22	19	16	13
0900	11 37	24	23	21	17	14	♐ 12	♐ 10	♐ 7	♐ 4	♐ 0	26	22
1000	12 38	♎ 10	♑ 7	♑ 5	♑ 0	28	25	23	20	16	12	♐ 7	♐ 1
1100	13 38	26	21	19	15	♑ 12	♑ 9	♑ 6	♑ 3	29	24	18	11
Noon	14 38	♏ 12	♒ 5	♒ 4	30	27	25	22	18	♑ 14	♑ 8	♑ 1	22
1300	15 38	27	21	19	♒ 16	♒ 14	♒ 12	♒ 9	♒ 5	♒ 1	25	17	♑ 6
1400	16 38	♐ 11	♓ 7	♓ 6	♓ 4	♓ 3	♓ 1	29	26	23	♒ 18	♒ 10	26
1500	17 38	25	24	24	23	22	22	♓ 21	♓ 21	♓ 19	♓ 18	♓ 14	♓ 7
1600	18 39	♑ 9	♈ 11	♈ 11	♈ 13	♈ 13	♈ 14	♈ 15	♈ 17	♈ 18	♈ 22	♈ 27	♉ 8
1700	19 39	23	28	29	♉ 1	♉ 3	♉ 5	♉ 7	♉ 10	♉ 14	♉ 19	♉ 28	♊ 11
1800	20 39	♒ 7	♉ 14	♉ 15	19	21	23	26	30	♊ 4	♊ 10	♊ 18	28
1900	21 39	22	29	♊ 1	♊ 5	♊ 7	♊ 10	♊ 13	♊ 17	21	26	♋ 3	♋ 11
2000	22 39	♓ 8	♊ 13	15	20	22	24	28	♋ 1	♋ 5	♋ 9	15	22
2100	23 39	24	27	29	♋ 3	♋ 6	♋ 8	♋ 11	14	17	21	26	♌ 1
2200	0 40	♈ 11	♋ 11	♋ 13	17	19	22	24	27	29	♌ 3	♌ 6	11
2300	1 40	27	25	27	♌ 0	♌ 2	♌ 4	♌ 6	♌ 9	♌ 11	14	17	20
2400	2 40	♉ 12	♌ 9	♌ 11	14	15	17	19	20	22	24	27	29

Suche die genaue ‹Ortszeit› in der linken Spalte und den nördlichen Breitengrad des Aszendenten in der oberen waagrechten Spalte. Ist jemand während der Sommerzeit oder ‹Kriegszeit› (während eines Weltkriegs) geboren, dann ziehe eine Stunde ab, um die ‹Ortszeit› zu bekommen; zu diesen Zeiten beschlossen die Länder eigenmächtig, die Uhren eine Stunde vorzustellen. (Die Planeten haben ihre Bahn natürlich nicht verändert.)

Ermittle den Punkt, wo sich die beiden Spalten treffen. Manchmal ist hier eine Interpolation notwendig. Wenn das Ereignis nicht genau zu einer vollen Stunde stattfand (linke Spalte) oder wenn der Breitengrad keine Zahl ist, die mit 0 oder 5 endet, mußt du ein bißchen interpolieren. Das heißt, einen Mittelwert finden. Im allgemeinen geht es nur darum, einen Mittelwert zu finden, die wahrscheinliche Entfernung, die ein Planet, Aszendent oder MC zurückgelegt hat in einer bestimmten Zeit. Du siehst, daß sich der Aszendent oder die Himmelsmitte zu jeder Stunde, auf jedem gegebenen Breitengrad um einige Grad weiterbewegen. Der Aszendent verändert sich proportional zu dem Bruchteil der Stunde, den du brauchst. (Wenn dir das jetzt unklar ist, warte ab, bis wir zu unserem Horoskopbeispiel kommen. Du wirst es dann sicher verstehen.)

Bestimme mit Hilfe der Tabelle den Aszendeten und die Himmelsmitte (MC). Trage den Aszendenten in das Horoskopschema ein.

An diesem Punkt hast du die Wahl zwischen mehreren Möglichkeiten, von denen wir drei in Betracht ziehen.

1) Du kannst die Feldeinteilung nach der sogenannten äqualen Manier ausführen. Das heißt, jedes Haus umfaßt 30°. Hierfür brauchst du nur das Zeichen und den Grad, den du für den Aszendenten berechnet hast, ins Horoskop eintragen – die Spitze des ersten Hauses. Sie ist meistens in der 9-Uhr-Stellung, dem ‹Osthorizont› des Horoskopes. Dann trage die folgenden Häuserspitzen beim selben Grad des folgenden Tierkreiszeichens ein, so daß jedes Haus 30° umfaßt. (Wenn also der Aszendent 14° Widder ist, dann ist die 2. Häuserspitze bei 14° Stier, die 3. Häuserspitze bei 14° Zwilling usw.) Das ist ein sehr schnelles und praktisches Häusersystem.

2) Du kannst das Horoskop so erstellen, wie ich es mache, nach

einem abgewandelten äqualen System, das die Himmelsmitte an der richtigen Stelle ansetzt – an der höchsten Stelle im Horoskop (12-Uhr-Stelllung). Wenn du die äquale Manier ausprobiert hast, wirst du bemerkt haben, daß die Himmelsmitte (die du der Tabelle der Himmelsmitten und Aszendenten entnommen hast) gewöhnlich nicht auf der Himmelsmittenstellung lag. Die Himmelsmitte ist die Spitze des 10. Feldes. Ich trage den Aszendenten und die Himmelsmitte an ihren tatsächlichen Plätzen ein und mache dann die Häuser dazwischen gleichgroß. Das Endergebnis ist immer ein vollkommen symmetrisches Horoskop.

Wenn zum Beispiel der Aszendent bei 5° Widder liegt und die Himmelsmitte bei 20° Steinbock, haben wir 15° weniger von der Himmelsmitte bis zum Aszendenten – statt der 90° (dem genauen Kreisviertel) haben wir nur 75° für dieses Viertel des Horoskopes. Also mache ich jedes Haus zwischen Himmelsmitte und Aszendent gleich groß – in diesem Falle wäre jedes 25° anstatt der 30°-Häuser der äqualen Manier. Aber im nächsten Viertel, vom Aszendenten zur Himmelstiefe (Nadir: gegenüber der Himmelsmitte am tiefsten Punkt des Horokopes) gewinnen wir unsere 15° wieder zurück, weil der Nadir immer genau gegenüber der Himmelsmitte liegt. In unserem Beispiel mit dem Aszendenten bei 5° Widder wäre dann der Nadir bei 20° Krebs, das macht insgesamt 105° für die drei Häuser (denke daran, daß jedes Zeichen 30° umfaßt, unabhängig davon, wie groß ein Haus ist). Also umfassen das 1., 2. und 3. Haus jeweils 35°.

Jetzt können wir alle Häuser wie folgt bestimmen: Wenn der Aszendent bei 5° Widder liegt und die Himmelsmitte bei 20° Steinbock, dann liegt die Spitze des 10. Hauses bei 20° Steinbock; die Spitze des 11. Hauses bei 15° Wassermann; die Spitze des 12. Hauses bei 10° Fische; die Spitze des 1. Hauses (d. h. der Aszendent) liegt bei 5° Widder; die Spitze des 2. Hauses bei 10° Stier; die Spitze des 3. Hauses bei 15° Zwillinge. Die sechs anderen Häuser sind genau so groß wie die gegenüberliegenden: Die Spitze des 4. Hauses, der Nadir, liegt bei 20° Krebs; die Spitze des 5. Hauses (gegenüber dem 11. Haus) liegt bei 15° Löwe; die Spitze des 6. Hauses (gegenüber dem 12. Haus) liegt bei 10° Jungfrau; die Spitze des 7. Hauses (gegenüber dem Aszendenten) liegt bei 5° Waage; die Spitze des 8. Hauses (gegenüber dem 2. Haus) liegt bei 10° Skorpion; die Spitze des 9. Hauses (gegenüber dem 3. Haus) liegt bei 15° Schütze.

3) Eine dritte, gebräuchlichere Methode der Häuserspitzenberechnung geht auf Placidus zurück. Für diese Methode brauchst du Häusertabellen. Zu empfehlen sind die beiden englischen Tabellensammlungen *Raphael's Tables of Houses for Northern Latitudes* und *Raphael's Tables of Houses for Great Britain.* Jede Häusertabelle hat eine Gebrauchsanleitung, so daß ich mich hier nicht damit zu befassen brauche.

Planetenstellungen berechnen

Jetzt haben wir die Häuserspitzen berechnet und in unser Horoskopschema eingetragen. Der nächste, wichtigste Schritt ist jetzt, die Planetenstellungen zu berechnen und einzutragen. Dafür benötigen wir die Ephemeriden – Tabellen der Planetenstellungen.

Schlage die Ephemeriden bei dem Jahr und dem Datum auf, für das du dich interessierst. Die Stellung jedes Planeten ist für jeden Tag berechnet. Gewöhnlich ist sie in Greenwich-Zeit um 12 Uhr Mittag oder Mitternacht angegeben. Das ist die Zeit in Greenwich, England. Es wäre denkbar, Ephemeriden für jede Zeitzone, für jede Stunde des Tages oder sogar für jede Minute des Tages zu erstellen, der Umfang der Ausgabe wäre unglaublich. Also haben wir die Stellungen zu einer bestimmten Stunde, an einem bestimmten Platz – Greenwich, England – und wir müssen wieder ein bißchen interpolieren, um Zeit und Ort zu finden, für die wir uns interessieren.

Wir wollen mit dem Ort beginnen. Greenwich liegt 5 Stunden vor der Ostküste (Eastern Standard Time), 7 Stunden vor den Rokkies (Mountain Standard Time) und 8 Stunden vor der Westküste (Pacific Standard Time). Also müssen wir diese ganzen Stunden zu der Ortszeit, die wir haben, hinzuzählen, um auf die Greenwichzeit zu kommen, die unsere Ephemeriden angeben.

Willst du die Ortszeit eines Ortes der Mittel-Europäischen Zeit (MEZ) Zone auf Greenwich-Zeit umrechnen, mußt du wie folgt vorgehen: Für jeden Grad, der östlich oder westlich von dem 15. Grad östlicher Länge von Greenwich liegt, ist eine Berichtigung der Zeit von 4 Minuten pro Grad erforderlich, und zwar wird a) diese Korrektur von 4 Minuten für jeden Grad zu der MEZ zugezählt, wenn die östliche Länge des Ortes größer ist als 15 Grad, b) von der MEZ abgezogen, wenn die östliche Länge kleiner ist als 15 Grad. Zum Beispiel liegt Essen 7° östlich von Greenwich. Der Längenunterschied zu 15° (entpricht der MEZ) beträgt 8°. Der Zeitunterschied beträgt 8 × 4 (Minuten) = 32 Minuten, die von der MEZ abzuziehen sind. Ortszeit Essen 12 Uhr mittags (MEZ) entspricht 11.28 Uhr Greenwich-Zeit (GZ).

Stell dir vor, deine Freundin Sally ist um 9 Uhr abends Pacific Standard Time (PST) geboren. Wenn es an der Ostküste 9 Uhr abends ist, ist es in Greenwich schon 8 Stunden später (die Sonne geht zuerst über England auf, dann über Amerika). Also ist 9 Uhr abends PST das gleiche wie 5 Uhr morgens des folgenden Tages Greenwich-Zeit (GZ). Wenn du um 12 Uhr mittags in New York geboren bist, dann bist du um 5 Uhr nachmittags GZ geboren.

Also rechnest du mit Greenwich-Zeit (GZ). Der einzige Trick ist dann noch, zwischen der Greenwich-Zeit und der Zeit, die du suchst, zu interpolieren. Nehmen wir nochmal Sally. Sie ist am 1. Oktober 1970 um 9 Uhr abends PST geboren. Schlag deine Ephemeriden bei diesem Datum auf. Wir haben schon ausgerechnet, daß sie am 2. Oktober 1970 um 5 Uhr morgens GZ geboren ist. Schau in die Ephemeriden. Die Zeiten sind für Mittag oder Mitternacht gegeben. Nehmen wir an, du hast Ephemeriden, die von 12 Uhr mittags GZ ausgehen. Unsere Aufgabe ist es, die Planeten-Stellungen für den 2. Oktober 5 Uhr morgens zu berechnen. Interpolieren bedeutet dann nur noch, eine ganz einfache Rechnung mit zwei gegebenen Größen aufzustellen. Das Beispiel mit Sally, 5 Uhr morgens GZ, ist ein bißchen kompliziert – wenn du dir 24 Stunden von Mittag zu Mittag vorstellst, dann wäre 5 Uhr morgens $^{17}/_{24}$ dieser Zeit. Für solche Berechnungen ist ein Taschenrechner ganz praktisch.

Wir wollen aber mit einem einfacheren Beispiel beginnen: Angenommen, Tante Mergetroid ist um 2 Uhr nachmittags in Podunk Iowa (Central Standard Time) geboren. Das wäre dann in GZ 8 Uhr abends (2+6). Also müssen wir, wenn wir die Mittag-zu-Mittag-Ephemeride benützen, mit $^{8}/_{24}$ oder $^{1}/_{3}$ rechnen. (Ich glaube, daß man mit dieser Berechnung nicht zu genau sein muß – eine halbe Stunde oder eine Stunde ändern an den Planetenstellungen nicht viel. Der Mond – der schnellste Planet – wandert nur etwa 12° pro Tag, braucht also 2½ Tage, um durch ein Zeichen zu laufen. Das ist nur etwa ½ Grad pro Stunde. Der Aszendent, das Aufsteigende Zeichen, bewegt sich alle 4 Minuten um ein Grad – durchläuft den vollen Kreis von 360° in 24 Stunden – so daß es viel wichtiger ist, den Aszendenten sorgfältig zu berechnen.)

Du wirst feststellen, daß in den Ephemeriden die Planetenstellungen in Grad und Minuten eines Zeichens angegeben sind. Du mußt jetzt nur noch mit Hilfe des Bruchteils des Tages, den du berechnet hast, die Planetenpositionen ausrechnen.

Laß uns zuerst einen Blick auf die Sonne werfen. Du stellst fest, daß sich die Sonne innerhalb von 24 Stunden immer etwa 60 Minuten bewegt – also etwa 1° am Tag, 360° im Jahr. Was bedeutet das nun? Bei Tante Mergetroid, die um 8 Uhr abends GZ geboren ist, müssen wir einfach ⅓ von 60° berechnen, das sind 20°. Nehmen wir an, Tante Mergetroid ist am 1. Dezember 1935 geboren. Nach meinen Ephemeriden stand die Sonne am 1. Dezember bei 8°22′ Schütze und am 2. Dezember bei 9°23′. Also hat sie sich in diesen 24 Stunden um 1°1′ weiterbewegt – ein Grad und eine Minute oder 61 Minuten. Ein Drittel von 61 Minuten sind 20⅓ Minuten. Ich runde das zur naheliegenderen Minute ab – das ist für jede Interpretation genau genug. Addiere diese 20 Minuten zu der Position des ersten Tages (8°22′), dann lautet das Ergebnis 8°42′ Schütze. Tante Mergetroids Sonne steht bei 8°42′ im Schützen.

Mach dasselbe mit den anderen Planeten: Stelle fest, um wieviel sich ein Planet in 24 Stunden bewegt, berechne dann, in Mergetroids Fall, ⅓ der Grade und Minuten, die er in 24 Stunden zurücklegt, und addiere dieses Ergebnis zu den Graden und Minuten des ersten Tages.

Laß uns den Mond betrachten, den schnellsten ‹Planetenkörper›. Der Mond wandert im Durchschnitt 12° pro Tag (also wandert er in einem Monat, 30 Tagen, 30 × 12 oder 360°, einmal durch den Tierkreis). An Mergetroids Geburtstag wanderte der Mond von 14°53′ Wassermann am Mittag in Greenwich zu 28°48′ Wassermann am Mittag des folgenden Tages. (Bei einem Namen wie Mergetroid dachte ich mir schon, daß sie einen Wassermannmond hat...) Er wanderte also beinahe 14° oder, um genauer zu sein,

13°55'. Ein Drittel davon ist annähernd ⅓ von 14 oder 4⅔°. Addiere diese 4°40' zu 14°53', dann bekommst du 18°93' oder 19°33'. Diese Berechnung ist für beinahe jeden Zweck ausreichend. Falls du aber Jungfrau bist, oder so, und wirklich ganz genau sein willst, kannst du ja ganz genau ⅓ von 13°55' berechnen, das ist ⅓ von (bin ich froh, daß ich meinen Taschenrechner habe) 13 × 60 + 55 Minuten, ⅓ von 835 Minuten, das sind 278 333 Minuten, das sind 4°38⅓'. Addiere dies zu 14°53' und du bekommst 18°91⅓' oder 19°31⅓', das ist nur ein Unterschied von 1⅔° zu unserem ersten Näherungswert, den ich für genau genug halte...

Das ist alles. Du kannst die gleiche Rechnung immer wieder anwenden, für jeden Planeten. (Wenn es dir noch nicht ganz klar ist, stör dich jetzt nicht daran, ich werde das Ganze wiederholen, wenn ich ein Horoskopbeispiel mache.)

Bei den äußeren Planeten müssen wir nur wenig rechnen, denn ein kurzer Tag macht nur einen kleinen Unterschied in ihrem langsamen Lauf. Mergetroids Uranus war zum Beispiel von 2°12' Stier zu 2°10' rückläufig (rückläufig bedeutet, daß sich der Planet von der Erde aus gesehen scheinbar rückwärts bewegt), also ist er bei 2°11' Stier rückläufig. Und Neptun ist sogar noch langsamer, er wandert von 16°41' Jungfrau am 1. Dezember zu 16°42' am 2. Dezember. In diesem Falle nehme ich einen der beiden Werte – 16°42' ist wahrscheinlich sehr genau – aber um es noch einmal zu wiederholen, für die Deutung macht es keinen großen Unterschied, ob es 16°1' oder 16°59' sind...

Jetzt schau bei Pluto – er läuft so langsam, daß seine Position nur für den Ersten eines Monats angegeben ist (zumindest in den Anfangsjahren der Ephemeriden, in späteren Jahren ist sie für jeden Tag angegeben). Also mußt du die annähernde Strecke berechnen, die er in dem Monat zurücklegt, in dem der Tag liegt, auf den du dich beziehst. In Mergetroids Fall ist es einfach, weil sie am Ersten geboren ist. Für andere Daten muß man interpolieren. Das machen wir später bei Bettys Horoskop.

Die einzigen anderen Positionen, die noch zu berechnen sind, sind die ‹besonderen Punkte›: der Absteigende und der Aufsteigende Mondknoten und der Glückspunkt. Die beiden ersten sind einfach zu berechnen: Der Aufsteigende Mondknoten ist in den Ephemeriden angegeben, der Absteigende Mondknoten liegt genau gegenüber. Kümmere dich nicht um die Minuten des Mondknotens, die Gradzahl ist ausreichend.

Der andere ‹besondere› Punkt – der Glückspunkt – ist ein bißchen schwierig zu berechnen. Ich warte immer damit, bis ich die anderen Planetenpositionen im Horoskop eingetragen habe, so daß ich mich auch visuell auf sie beziehen kann.

Vielleicht ist der Glückspunkt vollkommen willkürlich – ich glaube aber nicht, wenn ich mir die Horoskope anschaue, die ich schon gemacht habe. Seine Richtigkeit hat sich immer bestätigt. (Zum Beispiel ist mein Glückspunkt in den Fischen im 1. Haus, was auf Interesse an psychischen und ‹okkulten› Angelegenheiten und Astrologie hinweist und auch die Tendenz zeigt, diese Dinge mit anderen zu teilen...) Die Berechnungsweise geht wahrscheinlich auf alte Methoden zurück, Methoden, die die Zigeuner anwandten. Die Formel für den Glückspunkt ist folgende: Der Glückspunkt ist vom Aszendenten so weit entfernt wie der Mond von der Sonne.

Nehmen wir Tante Mergetroid als Beispiel. Wir haben herausgefunden, daß ihre Sonne bei 8°42′ Schütze und ihr Mond bei 19°31′ Wassermann stehen. Wir haben ihren Aszendenten noch nicht berechnet, aber bei 2 Uhr Podunk Iowa am 1. Dezember finde ich in meiner Tabelle der Himmelsmitten und Aszendenten ihren Aszendenten bei 18° Widder (kein Wunder, daß sie feuerrotes Haar hat)... Jetzt wissen wir alles, um den Glückspunkt zu berechnen, der uns zeigen soll, wo ihr wahres Glück liegt... die folgende Berechnung mag vielleicht etwas kompliziert erscheinen, aber vergiß nicht, daß jedes Zeichen 30° umfaßt und daß 1° gleich 60′ ist...

Die Entfernung von Mergetroids Mond zu ihrer Sonne ist von 19°31′ Wassermann zu 8°42′ Schütze – oder zwei vollständige Zeichen (mit jeweils 30°) plus der Entfernung von 19°31′ zu 8°42′ – das sind 11° minus 11′, also 10°49′. (Man kann es auch so rechnen: 19°31′ minus 8°42′ ist dasselbe wie 18°91′ minus 8°42′, ergibt 10°49′).

Also ist Mergetroids Glückspunkt 10°49′ plus zwei vollständige Zeichen (oder 60°) von ihrem Aszendenten entfernt in derselben Richtung wie der Mond von der Sonne... Ihr Aszendent liegt bei 18° Widder, was gleichbedeutend ist mit 17°60′ Widder... Wenn wir von 17°60′ Widder zwei Zeichen und 10°49′ abziehen, sind wir bei 7°11′ Wassermann... Also liegt Mergetroids Glückspunkt bei 7°11′ Wassermann (kein Wunder, daß sie so abgehoben ist!)...

Aspekte

Jetzt haben wir das Horoskop erstellt. Das einizige, was wir noch berücksichtigen müssen, sind die Aspekte, die Beziehungen der Planeten zueinander. Ich beschäftige mich nur mit den Hauptaspekten: Konjunktionen, Trigone, Oppositionen und Sextile. Es gibt noch viele Nebenaspekte, aber ich glaube, daß sie nicht so stark sind, und verwende sie nicht – wir erfahren durch die Häuser, Planeten, Zeichen und Hauptaspekte schon ungeheuer viel.

Übrigens glaube ich, daß es eine konkrete, wissenschaftliche Erklärung gibt für die Art und Weise, wie wir die Aspekte interpretieren – obwohl wir wahrscheinlich noch viele Jahre davon entfernt sind, sie zu entdecken... Wir kennen alle die Wirkung des Vollmonds – es ist die Kraft der ‹Opposition›, wo planetarische Energien zwischen zwei gegensätzlichen und doch sich ergänzenden Zeichen wirken, 180° voneinander entfernt. Und ein Trigon, das immer für so machtvoll und wohltuend gehalten wird, liegt dann vor, wenn zwei Planeten 120° voneinander entfernt sind. Wenn drei Planeten in einer Gruppierung mit einem annähernden Abstand von 120° zueinander stehen, bilden sie das ‹große Trigon›, ein gleichseitiges Dreieck. Das wiederum bildet eine Pyramide, mit 60° Winkeln – und hat die Macht der Pyramide. Ich denke, daß bald irgendein schlauer Physiker eine Erklärung für die Art von Energie herausbringen wird, die die Pyramide erzeugt, oder eher kanalisiert. Und diese Erklärung wird man dann wohl auch sehr gut auf Trigone in der Astrologie anwenden können.

Ich deute die Aspekte gerne mit einem ziemlich kleinen Umkreis. Manche Astrologen deuten sie mit so großem Umkreis, daß jedes Horoskop Dutzende von Aspekten hat. Ich meine, für die Planeten ist eine Abweichung von vier Grad das äußerste, für alle Aspekte; fünf Grad für den Mond und sechs oder höchstens sieben Grad für die Sonne (obwohl manche Astrologen bis zu 12 Grad für die Sonne dazugeben).

☌ Eine einfache Art, die Aspekte zu berechnen: **Konjunktionen** sind zwischen Planeten im selben Zeichen oder genau an der Spitze von zwei Zeichen, innerhalb von 4° (oder 5°, wenn der Mond dabei ist; 6° oder höchstens 7°, wenn die Sonne dabei ist).

⚹ **Sextile** (60°) sind zwischen Planeten, die genau zwei Zeichen voneinander entfernt sind, plus oder minus 4° (5° für den Mond, 6° für die Sonne). Zum Beispiel steht die Sonne bei 20° Widder im Sextil zu Merkur bei 14° Zwillinge und auch zu Venus bei 24° Wassermann.

□ **Quadrate** (90°) sind zwischen Planeten, die drei Zeichen voneinander entfernt sind, plus oder minus 4°... Zum Beispiel: Sonne bei 20° Widder im Quadrat zu Mars bei 15° Krebs und zu Jupiter bei 22° Steinbock.

△ **Trigone** (120°) sind zwischen Planeten, die vier Zeichen voneinander entfernt sind, plus oder minus 4°... Zum Beispiel: Merkur bei 22° Waage zu Mars bei 18° Zwillinge.

☍ **Oppositionen** (die nicht immer einen Gegensatz darstellen müssen) sind 180° oder sechs Zeichen voneinander entfernt, plus oder minus 4°. Zum Beispiel steht die Sonne bei 20° Widder in Opposition zu Uranus bei 17° Waage.

Ich zeichne die Planeten gerne farbig ein (die Farben, die ich verwende, habe ich schon erwähnt – golden oder orange für die Sonne, silbern oder blau für den Mond, hellblau für Merkur, grün für Venus, rot für Mars, purpurrot für Jupiter; braun für Saturn, orange für Uranus, dunkelblau für Neptun, schwarz für Pluto) und verbinde die, die in Beziehung zueinander stehen, Aspekte bilden, auch farbig. Ich mache eine punktierte grüne Linie für die Sextile, eine rote Linie für Quadrate und Oppositionen, eine grüne Linie für die Trigone und eine kleine grüne Klammer für die Konjunktionen.

Wenn man diese Farben benützt, kann man die Aspekte mit dem Effekt einer Ampel deuten: Bei grünem Licht fließt die Energie, du kannst ohne weiteres die Straße überqueren. Bei rotem Licht, oder in diesem Falle bei einer roten Linie, ist die Energie blockiert oder es gibt ein Hindernis – das ist immer eine Botschaft des Universums, eine Lehre, eine Möglichkeit, dich selbst zu sehen, zu erkennen, wo du dich zurückhältst und daran zu wachsen.

Jetzt haben wir das ganze Horoskop erstellt. Das letzte, was ich immer mache, ist, «Erde-Luft-Feuer-Wasser» und «schöpferisch-erhaltend-veränderlich» irgendwo auf dem Horoskopblatt einzutragen und die Planeten dort aufzuführen. Du kannst auf einen Blick erkennen, wieviele Planeten in Erdzeichen sind, wieviele in veränderlichen Zeichen sind usw. Zum Beispiel: Wenn jemand Sonne im Stier und Merkur in den Fischen hat, mache ich das Symbol für die Sonne hinter «Erde» und hinter «erhaltend» – weil Stier ein erhaltendes Erdzeichen ist. Und ich setze das Symbol für Merkur hinter «Wasser» und hinter «veränderlich», weil Fische ein veränderliches Wasserzeichen sind.

Falls du es nicht weißt, die Zeichen sind, beginnend mit Widder, in regelmäßigem Verlauf Feuerzeichen, Erdzeichen, Luftzeichen, Wasserzeichen... und auch in regelmäßigem Verlauf schöpferisch, erhaltend, veränderlich. So ist jedes Zeichen des Zodiaks eine einzigartige Verbindung eines Elements – Feuer, Erde, Luft oder Wasser – und einer Energieart – schöpferisch, erhaltend oder veränderlich. Schon wenn du diese beiden Qualitäten bedenkst, kannst du eine Menge erfahren und deuten.

Widder: schöpferisches Feuer
Stier: erhaltende Erde
Zwillinge: veränderliche Luft
Krebs: schöpferisches Wasser
Löwe: erhaltendes Feuer
Jungfrau: veränderliche Erde
Waage: schöpferische Luft
Skorpion: erhaltendes Wasser
Schütze: veränderliches Feuer
Steinbock: schöpferische Erde
Wassermann: erhaltende Luft
Fische: veränderliches Wasser

Früher nannte man die drei Energiestufen «*kardinal, fix und veränderlich*». Du kannst auch diese drei Ausdrücke verwenden. Ich jedenfalls habe sechs Jahre gebraucht, um zu verstehen, was sie bedeuten. Ich verstand es dann endlich, als ich in der Hindureligion zum erstenmal von «Brahma dem Schöpfer, Vishnu dem Erhalter und Shiva dem Zerstörer» hörte. Sie stellen die drei Kräfte des Universums dar – die Stufen, die alles Erschaffene durchlaufen muß.

Ich zeichne die ‹besonderen Punkte› weiter innen im Horoskop ein, die Planeten an den Rand – so halte ich sie voneinander getrennt. Ich benütze purpurrot für den Aufsteigenden Mondknoten und für den Glückspunkt, und schwarz für den Absteigenden Mondknoten.

Jetzt ist unser Horoskop erstellt.

Ein Beispielhoroskop erstellen

Jetzt können wir mit den Angaben von Datum, Zeit und Ort ein richtiges Horoskop erstellen. Anschließend werden wir es deuten. Nehmen wir folgendes Beispiel:

> Betty Morr
> 11. März 1934
> 13.05 Uhr EST (Eastern Standard Time)
> Camden, New Jersey

Wir stellen fest, daß die gegebene Zeit Eastern Standard Time ist. Wenn es Sommerzeit oder Kriegszeit wäre, müßten wir eine Stunde abziehen und das Horoskop für 12.05 Uhr berechnen, weil die Uhren während Sommer- und Kriegszeiten eine Stunde vorgestellt wurden.

Schlage jetzt Atlas oder Landkarte auf, suche Camden, New Jersey und notiere den ungefähren Breitengrad. Nach meinem Atlas liegt Camden bei 40° nördlicher Breite.

Jetzt können wir die *Tabelle der Himmelsmitten und Aszendenten* bei der dem 11. März nächstliegenden Seite aufschlagen, das ist der 10. März. (Jeder dritte Tag ist aufgeführt. Wenn der Tag, den du suchst, nicht aufgeführt ist, mußt du das nächstliegende Datum nehmen.) Gehe links auf der Seite bis 1300 und von dort nach rechts bis zu dem gewünschten Breitengrad – in diesem Falle 40°. Hier ist 21° Krebs angegeben. Jetzt müssen wir eine kleine Interpolation machen, weil die Geburtszeit 13.05 Uhr und nicht 13.00 Uhr war und das Datum 11. März und nicht 10. März. In vier Minuten bewegt sich der Aszendent um 1° vorwärts. Addieren wir 1° zu 21° Krebs, sind wir bei 22° Krebs. Dann kommt noch 1° für jeden weiteren Tag hinzu. Nimm jetzt das Horoskopschema, das du dir gezeichnet oder gekauft hast, und trage den Aszendenten bei 23° Krebs ein, am besten auf die linke Seite des Horoskops (in 9-Uhr-Stellung).

Jetzt schau in der Spalte, die mit ‹MC› – Medium Coeli ist die lateinische Bezeichnung für Himmelsmitte – überschrieben ist. Für 13.00 Uhr liegt die Himmelsmitte bei 3° Widder. Jetzt müssen wir wieder 1° für die zusätzlichen 5 Minuten addieren und ein weiteres Grad für den zusätzlichen Tag. Trage 5° Widder oben im Horoskop ein; es ist die Spitze des 10. Hauses, die Himmelsmittenstellung. Wir haben den Aszendenten, auch ‹Aufsteigendes Zeichen› genannt, und die Himmelsmitte bestimmt. Der nächste Schritt sind die Häuserspitzen.

Wenn du die äquale Manier anwenden willst, liegt jede Häuserspitze bei 23°. Der Aszendent ist 23° Krebs, die zweite Häuserspitze liegt bei 23° Löwe, die dritte bei 23° Jungfrau und so weiter durch den ganzen Kreis. Bedenke, daß du bei diesem System 23° Widder als Himmelsmitte annimmst und nicht die tatsächliche Himmelsmitte, die wir berechnet haben.

Du kannst auch mit einer *Häusertabelle* nach Placidus arbeiten, das ist das gebräuchlichste System. Dann richte dich nach den Anweisungen der Tabelle.

Wenn du das ‹abgewandelte äquale System› anwenden willst, welches ich bevorzuge, dann rechne folgendermaßen: die Himmelsmitte liegt bei 5° Widder, der Aszendent bei 23° Krebs. Da jedes Zeichen 30° umfaßt (und nach der ‹äqualen Manier› auch jedes Haus), können wir uns leicht vorstellen, daß wir in den drei Häusern von der Himmelsmitte zum Aszendenten 18° zu den ursprünglichen 30° eines Hauses, oder zu 90° für drei Häuser, dazugewonnen haben. Also kommt zu jedem Haus ein Drittel hinzu, das sind 6°. (Manchmal verlierst du auch ein paar Grad, dann mußt du sie abziehen, anstatt sie zu addieren.) Die Himmelsmitte liegt bei 5° Widder, also ist die Spitze des 11. Hauses (5 + 6) 11° Stier, die Spitze des 12. Hauses (11 + 6) 17° Zwillinge und der Aszendent 23° Krebs, was wir ja schon berechnet haben.

Für die nächsten drei Zeichen müssen wir jetzt 6° *abziehen*, um auf die richtige Gradzahl des vollen Kreises zu kommen. Also ist die Spitze des 2. Hauses (23 – 6) 17° Löwe, die Spitze des 3. Hauses

(17 – 6) 11° Jungfrau und die Spitze des 4. Hauses (Nadir oder Himmelstiefe) (11 – 6) 5° Waage, liegt also genau gegenüber der Himmelsmitte, wie es sein muß.

Die verbleibenden Häuser sind leicht zu berechnen, indem man das gegenüberliegende Zeichen nimmt und die gleiche Gradzahl einträgt. Das 5. Haus beginnt dann bei 11° Skorpion (gegenüber dem 11. Haus bei 11° Stier), die Spitze des 6. Hauses ist 17° Schütze (gegenüber der 12. Häuserspitze bei 17° Zwillingen), die Spitze des 7. Hauses ist 23° Steinbock (gegenüber dem Aszendenten bei 23° Krebs), die Spitze des 8. Hauses ist 17° Wassermann (gegenüber der 2. Häuserspitze bei 17° Löwe) und die Spitze des 9. Hauses ist 11° Fische (gegenüber der 3. Häuserspitze bei 11° Jungfrau). Die Häuserspitzen sind jetzt berechnet, trage sie in das Horoskop ein.

Jetzt sind wir soweit, daß wir die Ephemeriden zur Hand nehmen können. Schlage sie beim richtigen Jahr und Monat auf – in diesem Falle März 1934. Dieser einen Tabelle können wir alles entnehmen, was wir brauchen.

In meinen Ephemeriden steht «Berechnet für den Mittag in Greenwich». Also sind die Planetenstellungen, die in den Ephemeriden für den 11. März 1934 gegeben sind, diejenigen für 12 Uhr mittags in Greenwich, England. Wir müssen jetzt ausrechnen, wo die Planeten stehen, wenn es in Camden, New Jersey 13.05 Uhr ist. New Jersey liegt an der Ostküste, also fünf Stunden *hinter* Greenwich. Deshalb war es um 13.05 Uhr in New Jersey 18.05 Uhr in England. Wenn wir also berechnen, wo die Planeten um 18.05 Uhr Greenwich-Zeit standen, dann wissen wir, wo sie um 13.05 Uhr in New Jersey standen. Das ist doch ganz einfach, oder?

In diesem Falle ist die Berechnung einfach: 18.05 Uhr ist nur wenig mehr als ein Viertel der Zeit vom Mittag des einen Tages bis zum Mittag des nächsten Tages. Manchmal ist der Bruchteil, mit dem man rechnen muß, viel schwieriger, z. B. $\frac{11}{24}$ oder $\frac{7}{48}$ – in solchen Fällen ist ein Taschenrechner wirklich ganz brauchbar.

Suche das richtige Datum – in diesem Falle den 11. März. Die Sonne steht bei 20° 14′ Fische. Am folgenden Tag steht sie bei 21° 14′ Fische. Also ist sie im Laufe eines Tages, in 24 Stunden, 1° oder 60′ weitergewandert. In den ersten sechs Stunden, einem Viertel der Zeit, wären das $\frac{1}{4}$ von 60′, 15′. Jetzt addieren wir diese

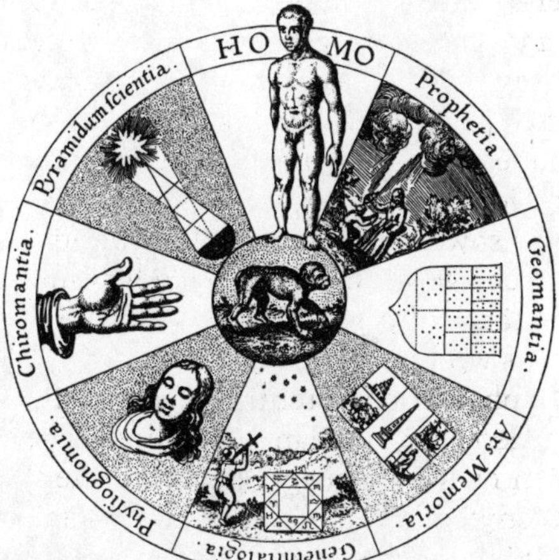

Wir können die Sterne befragen …

... und sie werden dennoch die letzte Antwort schuldig bleiben. Die liegt bei jedem selbst, denn es bleibt uns überlassen, was wir aus unserem Leben machen. Und an Lohn können wir nur erwarten, was unserem Einsatz entspricht.

15′ einfach zu der Ausgangszeit von 20° 14′, dann erhalten wir die Position der Sonne 20° 29′ Fische. Das ist alles – jetzt müssen wir nur noch die gleiche Rechnung für die anderen Planeten aufstellen.

Der Mond war bei 26° 38′ Steinbock am 11. März und bei 11° 05′ Wassermann am 12. März. In 24 Stunden legte er 14° 27′ zurück. Ein Viertel von 14° 27′ ist ein bißchen schwierig zu berechnen. Du kannst es so machen: ¼ von 14° addieren, das sind 3,5° (3° 30′) und noch ¼ von 27′, das sind 6,75′, zusammen 3° 36¾′ ... Runde es auf 3° 37′ und addiere es zu den ursprünglichen 26° 38′ Steinbock, dann ergibt sich 29° 75′ (30° 15′) Steinbock oder 0° 15′ Wassermann als Position des Mondes. (Denk daran, daß jedes Zeichen 30° umfaßt, aber jeder Grad 60 Minuten.)

Sonne und Mond sind am schwierigsten zu berechnen – die anderen sind einfacher zu berechnen, weil sie sich weniger bewegen (von der Erde aus gesehen, natürlich ...)

Bei Merkur sehen wir, daß er sich rückwärts bewegte, daß er «rückläufig» war. Am Mittag des 11. war er bei 9° 33′ Fische, am Mittag des 12. bei 8° 48′ Fische. Also war seine scheinbare Bewegung an unserem Himmel 45° *rückwärts*. Ein Viertel davon sind 11,25′. Von der ursprünglichen Position abgezogen erhalten wir 9° 22′ Fische als Stellung des Merkurs. (Beachte, daß ich die Sekunden abrunde. Es ist wirklich nicht nötig, auf die Sekunde genau zu sein, auf ein Grad genau zu sein, das genügt.)

Bei Venus werden die Berechnungen schon einfacher. Sie ging von 11° 23′ zu 11° 52′ Wassermann, nur 29 Minuten. Ein Viertel davon sind 7,25 Minuten. Dann stand also Venus bei 11° 30′ Wassermann. Berechne die Positionen von Mars, Jupiter, Saturn, Uranus und Neptun auf dieselbe Weise. Beachte, daß in älteren Ephemeriden Plutos Position nur für den Ersten eines Monats gegeben wird, weil seine scheinbare Bewegung aus unserer Sicht nur so geringfügig ist. Meine Ephemeriden geben für Pluto am 1. März 22° 26′ Krebs und am 2. März 22° 30′ Krebs an. Wir wissen natürlich nicht genau, ob Pluto während dieses Monats rückläufig war, also scheinbar rückwärts lief. Wir können seine Position nur annähernd bestimmen. Zumindest kennen wir den Grad, das ist eigentlich schon genau genug. Der 11. März ist etwa ein Drittel der Zeit zwischen den beiden Daten, also nehme ich an, daß Pluto bei

22° 41′ Krebs stand. Das ist genau genug. Wenn du wirklich pedantisch bist, mußt du dir dein Horoskop eben von einem guten Computerservice ausrechnen lassen.

Die Mondknoten kannst du zum nächstliegenden Grad auf- oder abrunden. Der Aufsteigende Mondknoten liegt an diesem Tag bei 17° 54′ Wassermann, wir können ihn auf 18° Wassermann aufrunden. Der Absteigende Mondknoten liegt genau gegenüber, also bei 18° Löwe.

Jetzt kommen wir zum Glückspunkt, das letzte, was wir berechnen müssen. Ich trage am liebsten zuerst alle Planeten und die Mondknoten ins Horoskop ein, mit den verschiedenen Farben für die verschiedenen Planeten, damit ich mit dem Auge nachvollziehen kann, was ich mache, wenn ich den Glückspunkt berechne. Der Glückspunkt liegt in derselben Entfernung vom Aszendenten wie der Mond von der Sonne. Man kann es auch so darstellen: der Weg, den der Mond bräuchte, um die Sonne zu erreichen, ist die Entfernung vom Glückspunkt zum Aszendenten. Schau in Bettys Horoskop. Ihr Mond bei 0° 15′ Wassermann müßte 50° 14′ wandern, um ihre Sonne bei 20° 29′ Fische zu erreichen. Also liegt der Glückspunkt 50° 14′ vom Aszendenten entfernt in derselben Richtung, wie der Mond von der Sonne entfernt ist. Der Aszendent liegt bei 23° Krebs – ziehen wir 50° von 23° Krebs ab, befinden wir uns bei 3° Zwillinge. Das ist ihr Glückspunkt.

Trage jetzt die Planeten und besonderen Punkte ins Horoskop ein, führe sie in der unteren Hälfte des Horoskopes auf (wenn du ein ähnliches Horoskopschema wie ich benutzt) und zeichne sie an die richtige Stelle im Horoskop selbst.

Jetzt kommen wir zu den Aspekten. Beginne mit der Sonne bei 20° Fische und finde heraus, ob die anderen Planeten zu ihr mit einem Orbis (das ist der Spielraum, den man zu dem genauen Aspektwinkel hat) von 6° einen der Hauptaspekte bilden – zwei, drei, vier oder sechs Zeichen von ihr entfernt oder in Konjunktion im selben Zeichen.

Der einzige Planet, der einen Aspekt zu Bettys Sonne bildet, ist Pluto bei 22° Krebs. Sie sind vier Zeichen voneinander entfernt, bilden also ein *Trigon*. Der Mond bei 0° Wassermann steht vom Mars bei 27° Fische annähernd zwei Zeichen entfernt (60°), das ist ein *Sextil*.

Jetzt zu Merkur. Bei den Planeten betrachte ich einen Orbis von 4° als das Maximum für einen Aspekt. Merkur steht fast genau gegenüber von Neptun, der bei 10° Jungfrau ist. Das ist eine *Opposition*.

Geh alle Planeten durch und suche die wichtigsten Hauptaspekte. Bilde keine Aspekte zu den besonderen Punkten.

Jetzt haben wir unser Horoskop fast fertiggestellt. Das einzige, was ich noch mache, ist, in der unteren rechten Ecke des Horoskops aufzuführen, ob die Planeten (und Aszendent und Himmelsmitte) Erde, Luft, Feuer oder Wasser sind und ob sie schöpferisch, erhaltend oder veränderlich sind.

Jetzt ist das Horoskop vollständig – abschließend nehme ich mir manchmal Sonne, Mond und Aszendenten noch einmal vor, weil sie die wichtigsten Faktoren für die Deutung sind. Nun, nachdem wir das Horoskop erstellt haben, werden wir es deuten.

Ein Beispielhoroskop

♈ Widder	♎ Waage
♉ Stier	♏ Skorpion
♊ Zwillinge	♐ Schütze
♋ Krebs	♑ Steinbock
♌ Löwe	♒ Wassermann
♍ Jungfrau	♓ Fische

Betty

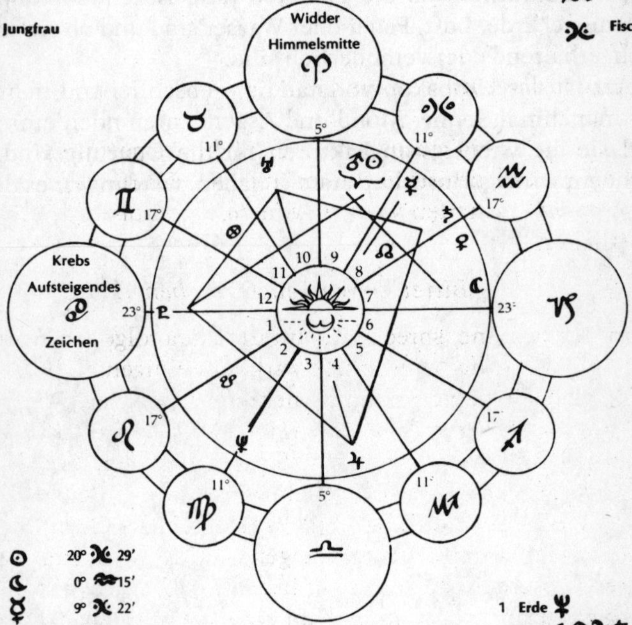

Sonne	☉	20° ♓ 29'
Mond	☾	0° ♒ 15'
Merkur	☿	9° ♓ 22'
Venus	♀	11° ♒ 30'
Mars	♂	27° ♓ 58'
Jupiter	♃	21° ♎ 36'
Saturn	♄	22° ♒ 31'
Uranus	♅	25° ♈ 20'
Neptun	♆	10° ♏ 45'
Pluto	♇	22° ♋ 41'

Aufst. Mondkn.	☊	18	♒
Abst. Mondkn.	☋	18	♌
Glückspunkt	⊗	3	♊

1 Erde ♆
4 Luft ☾ ♀ ♃ ♄
1 Feuer ♅, M.C.
4 Wasser ☉ ☿ ♂ ♇, Asc.

3 schöpferisch ♃ ♅ ♇, Asc., M.C.
3 erhaltend ☾ ♀ ♄
4 veränderlich ☉ ☿ ♂ ♆

Die Deutung des Beispielhoroskops

Bevor du zu deuten beginnst...

Bevor du mit der Deutung eines Horoskopes beginnst, ist es sehr gut, eins zu tun: erbitte leise oder laut klare Führung von den Mächten, die du erschaffen willst... von deinem höheren Selbst, vom Göttlichen...

Bittet, so wird euch gegeben...

Bevor ich beginne, spreche ich immer etwa folgende Worte – ich glaube, daß sie die Atmosphäre wirklich reinigen:

Astrologie ist eine Erkenntnislehre – in gleicher Weise, wie sie ein Bild von der Person gibt, deren Horoskop wir betrachten, gibt sie auch ein Bild des Astrologen. Sie zeigt, woher der Astrologe kommt... Sie kann nur so klar sein wie derjenige, der sie deutet...

Alles, was ein Astrologe, ein Psychiater, ein Guru oder *sonst jemand* sagt, durchläuft unser eigenes Deutungssystem, unseren ‹Filter›, unsere Sicht der Realität... Wenn diese Worte etwas für dich bedeuten, wenn du dich in sie hineinfühlen kannst, dann heiße sie willkommen, nimm sie an, nütze sie für deine Entwicklung... Aber wenn dir einige dieser Worte nicht richtig erscheinen, bedeutungslos oder unnütz, dann wirf sie weg... laß es nicht zu, daß sie dich beeinflussen... (Das spüre ich ganz besonders, wenn ich Aspekte in einem Horoskop deute – besonders bei Quadraten und ‹Oppositionen›.)

Du bist Herr deiner selbst... du und nur du weißt, was in deinem Herzen das beste für dich ist... Andere können dir nur den Weg zeigen... Lehrer und Gurus können dich nur auf dich verweisen...

Die Wahrheit ist in dir...

Astrologie – Erkenntnislehre, Kunst und Spiel – richtig angewandt, ist ein Werkzeug für tiefes inneres Wachstum, für ein bewußtes Leben, harmonische Beziehungen, Zufriedenheit, Ausgeglichenheit, Frieden...
Jedes der zwölf Zeichen hat seine eigene Energie...einzigartige Fähigkeiten und einzigartige Kraft...seinen eigenen Weg. Alles ist Teil der Schönheit und Weite des Universums...Ich glaube, der Sinn einer Deutung liegt darin, seinen eigenen Weg zu finden ...was das auch immer für dich bedeuten mag...Jeder hat einen anderen Weg – jeder hat ein einzigartiges Geburtshoroskop.

Jedes Zeichen ist ein Gesicht Gottes...jeder entwickelt sich auf seine eigene Weise. Astrologie kann, klar angewandt, diese Entwicklung aufzeigen und unterstützen.

Jetzt werden wir uns Bettys Horoskop genauer anschauen. Das Folgende habe ich für sie geschrieben – es ist eine der wenigen schriftlichen Deutungen, die ich gemacht habe.

Ganz allgemein

Dein Geburtshoroskop ist eine ziemlich genaue Karte der Planetenstellungen am Himmel zur Zeit deiner Geburt. Als du geboren wurdest, ging das Sternbild Krebs, das Mondkalb, im Osten auf...Uranus, Mars und Sonne waren nahe der Himmelsmitte, direkt über dir – Uranus 20° vor und Sonne und Mars in Konjunktion 7–15° hinter der Himmelsmitte. Merkur, Saturn, Venus und Mond bevölkerten den gesamten westlichen Himmel; der Mond würde bald untergehen...Die Planeten bilden ein *Sternenband* – viele stehen nahe beieinander...sieben stehen an der Himmelsmitte und am westlichen Himmel...Symbolisch ausgedrückt bedeutet das, daß ein Großteil deines Lebenswerkes sich in Beziehung zur Außenwelt, auf dem Weg zum Erfolg, in der Entwicklung und in Beziehungen abspielt...

Du hast nur zwei Planeten unterm Horizont – unter der Linie vom Aszendenten zum Deszendenten: Neptun und Jupiter. Pluto steht direkt am Aszendenten – das heißt, daß Pluto gerade im Augenblick deiner Geburt aufging...Ich werde auf all das später näher eingehen, ich wollte dir nur ein allgemeines Bild des Ganzen geben.

Die Linien, die ich zwischen bestimmten Planeten gezogen habe, sind die ‹Aspekte›... Man sagt, daß, wenn Planeten in eine bestimmte Beziehung zueinander treten, ein Energiefluß zwischen ihnen stattfindet – wenn sie zusammen stehen (Konjunktion), genau gegenüber (‹Opposition›), in einer 90°-Stellung (‹Quadrat›), 120° voneinander entfernt (‹Trigon›) oder 60° voneinander entfernt (‹Sextil›)... Deine Aspekte bilden ein deutliches Muster – ähnlich einem Juwel, einem Diamanten...

Es ist ein Horoskop, das den spirituellen Flug anzeigt – jedes deiner Häuser über der Erde, an der Himmelsmitte, hat etwas Starkes in sich... Du kannst der Welt viel zeigen... kannst viel lernen, viel lehren... Dieses Leben wird für dich eine Zeit sehr guter und schneller Entwicklung sein – Bewußtseinssprünge... Umwandlung.

Laß uns das ganze Horoskop jetzt gründlicher durchgehen – die zwölf Häuser, von 1–12. Wie die Zeichen versinnbildlichen die Häuser natürliches Fortschreiten und natürliche Entwicklung –, beginnend mit dem ersten wandern wir im Gegenuhrzeigersinn durch alle 12 Häuser.

Ausführlicher –

Krebs Aszendent Im Augenblick deiner Geburt ging das Sternbild Krebs im Osten auf. Symbolisch ausgedrückt bedeutet das, daß Krebs ‹dein erstes Haus regiert› ... Das erste Haus (und das ‹aufsteigende Zeichen› – das ist dasselbe) wurde lange mit der physischen Erscheinung in Verbindung gebracht, damit, wie du auf die Welt wirkst, mit den äußersten Schichten deiner Persönlichkeit – was andere in dir sehen... erste Eindrücke... Der Krebs wird vom Mond regiert – dieses Zeichen hat viel Tiefe (wie alle Wasserzeichen), psychische Offenheit... viel Empfänglichkeit und Feingefühl...
Mit Aszendent Krebs halten dich die anderen

sehr wahrscheinlich für warmherzig, liebevoll und einfühlsam...man vertraut dir ganz natürlich und verläßt sich auf deine Intuition...Du bist ein guter Lehrer...Du neigst vielleicht unter manchen Umständen dazu, ruhig und passiv zu sein – das ist ganz in Ordnung, wirklich sehr schön (ich bin selbst Krebs und sehr voreingenommen in diesem Punkt...) Krebs ist das Zeichen der Mutter – andere sehen dich vielleicht wirklich als liebende Mutter...Es ist auch das Zeichen der Hexe, im tiefsten Sinne des Wortes, wenn man von der puritanischen und viktorianischen Bedeutung absieht – ‹witch› (engl. Hexe) und ‹wise› (engl. weise, klug) haben denselben Wortstamm...Eine wirkliche Hexe ist eine, die in Verbindung zu ihrem tiefsten, innersten Wesen steht – symbolisiert vom Mond...

Vielleicht reizt es dich, ruhige, einfache Dinge zu tun...ruhig zu leben...Für welche Art zu leben du dich auch entscheidest, du wirst die Menschen immer tief berühren und ihnen durch dein Wesen etwas geben, das sie wirklich schätzen... Und du wirst vielleicht nicht einmal etwas von deinem Beitrag zur Besserung der Menschheit im allgemeinen wissen oder dir dessen voll bewußt sein...Wie der Mond spiegelst du die Schönheit in anderen wider und bist dir der Schönheit in dir vielleicht gar nicht bewußt – die da ist, stark und klar –, und doch ist es eine tiefgründige, feine Schönheit, die die Schönheit in anderen widerspiegelt, ihnen zeigt, daß auch sie schön sind...

Pluto am Horizont

Mit Pluto am Horizont vertieft sich dies alles sogar noch. Mit Pluto werden wir uns noch näher beschäftigen, wenn wir dem Ende zugehen: das 12. Haus...

Das aufsteigende Zeichen ist das natürliche Haus

des Widders, das Zeichen des Beginns, das Zeichen, das die Unmittelbarkeit eines Kindes hat ... Das aufsteigende Zeichen kann dir zeigen, wie andere dich sehen, wie du etwas siehst, auch wenn es überhaupt nicht dem entsprechen mag, wie du im Innern fühlst (was das Sonnenzeichen zeigt) oder wie du wirklich ganz tief drinnen bist (was das Mondzeichen widerspiegelt)...
Mit Aszendent Krebs halten dich die anderen wahrscheinlich für weich, warm und liebevoll ... großherzig ... ob du so empfindest oder nicht...

2. Haus vom Löwen regiert...

Dein 2. Haus wird vom Löwen regiert ... Symbolisch ausgedrückt sind die Energiearten, die vom Löwen dargestellt werden – feurig, nach außen gerichtet, schöpferisch –, mit der Erfahrungsebene verbunden, die dem 2. Haus zugeordnet wird: deine Erdung, deine Hilfsquellen, Geld, Materielles (das 2. Haus ist das natürliche Haus des Stiers). Du hast also die Stärke und schöpferische Kraft, um deine Vorstellungen auf materieller Ebene zu verwirklichen ... Wahrscheinlich hast du dir eine verhältnismäßig reiche Wirklichkeit geschaffen, in vieler Hinsicht ... Du hast eine Menge zu teilen ... Du hast vielleicht Glück mit Investitionen und ähnlichem – Löwe stellt die Energie der Sonne dar: stark, lebenspendend, Wachstum fördernd ... Du hast viele Hilfsquellen auf physischer Ebene, die du mit der Welt teilen kannst...

...mit dem Absteigenden Mondknoten

Dein ‹Absteigender Mondknoten› ist im Löwen im 2. Haus ... Das ist einer der drei ‹besonderen Punkte› im Horoskop – Punkte, die keine Planeten sind und doch eine tiefe Bedeutung besitzen ... Der Mond entfernt sich ein wenig von der Hauptbahn der Ekliptik – der Bahn der Sonne und der anderen Planeten, wie wir sie am Himmel im

Osten auf- und im Westen untergehen sehen. Der Mond schneidet die Ekliptik zweimal am Tag, im Norden und im Süden. Die Astrologie glaubt seit langer Zeit, daß diese Punkte besondere Bedeutung haben. Der Absteigende Mondknoten wird (wie zum Beispiel das 12. Haus, der Planet Saturn und die Zeichen Skorpion und Fische) von der herkömmlichen Astrologie wirklich mißverstanden... Er heißt ‹Drachenschwanz›, der Platz deiner ‹Selbstauflösung›, und ist gewöhnlich etwas, wovor man Angst hat... Im Lichte des Neuen Zeitalters brauchen wir ihn nicht länger zu fürchten – er ist ein Segen... Für den viktorianischen Verstand (oder wie du es auch nennen willst), der sehr mit dem Ego behaftet ist, sich selbst für sehr wichtig hält (gleichzeitig aber wieder in Zweifel verfällt) und nur an ein Leben glaubt, ist es sehr beängstigend, auf einen Platz der ‹Selbstauflösung› zu treffen... Aber im Licht neuen Verstehens wird der Platz deiner ‹Selbstauflösung› zu einem Ort, wo du über die begrenzte Sicht deiner selbst, deines *Egos*, hinausgelangen kannst. Wenn wir uns entwickeln, beginnen wir zu sehen, daß auf einer sehr wichtigen Stufe unsere Vorstellungen von uns selbst das einzige Problem darstellen; weil wir uns selbst als begrenzte Wesen sehen, sind wir für immer begrenzt. Der Absteigende Mondknoten bietet uns aber eine Gelegenheit, jegliche Begrenzung zu durchbrechen, über unsere Selbsteinschätzung hinauszugelangen.

Dein Absteigender Mondknoten ist im Zeichen Löwe, dem Zeichen des Darstellers – in mancher Hinsicht (von der Sonne regiert) eine gegensätzliche Energie zu der deines Aszendenten Krebs ... Es ist also ein Platz, wo du viele neue Seiten bei dir selbst entdecken kannst, indem du dich frei bewegst, dein Licht auf alle fallen läßt, wie die

Sonne ... Zu bestimmten Zeiten möchtest du nach innen gerichtet sein, das ist schön – aber wage es auch ab und zu mal, extrovertiert zu sein, das wird dich ungeheuer weiterbringen ... Mit einer Fischesonne, einem Krebsaszendenten und einem Wassermannmond hast du viel geistige Tiefe, viel innere Energie ... Es gibt für alles eine Zeit – eine Zeit, dich selbst zu verwirklichen, dich wirklich zu verausgaben, für die Erfüllung deiner materiellen Wünsche zu arbeiten und sie zu genießen ... und auch eine Zeit, das alles aufzugeben, nach innen zu schauen, mit dir allein zu sein, in dir selbst – denn dort findest du alle Antworten ... dort liegt dein wahrer Schatz ...

Jungfrau regiert das 3. Haus ...

Das 3. Haus ist das natürliche Haus der Zwillinge, es ist der Kommunikation zugeordnet – wie du dich ausdrückst ... (Zum 3. Haus gehören auch: Geschwister, kürzere Reisen, geistige Aktivität ...) Jungfrau regiert das 3. Haus, das bedeutet, daß die Energien, die von der Jungfrau dargestellt werden, hier vorherrschend sind ... Das Zeichen Jungfrau wird in der herkömmlichen Astrologie auch heutzutage oft mißverstanden ... Jungfrau ist wirklich ein Symbol für Merkurs Macht auf Erden (der Götterbote, d. h. Wissen aus göttlichen Quellen; unser Verstand!), denn das Zeichen Jungfrau ist ein Erdzeichen ...

Jungfrau wird oft in ihrer unentwickelten Form gesehen, negativ und kritisch ... Aber Jungfrau besitzt wirkliches Unterscheidungsvermögen ... Jungfrau ist wirklich ein Heiler, ein selbstloser Diener ... mit einem von Jungfrau regierten 3. Haus bist du ein guter Lehrer ... Die Tore der Verständigung werden sich dir öffnen, wenn du liebst und dienst ... Du besitzt die Fähigkeit zu heilen ...

... mit Neptun im 3. Haus in Jungfrau

All das wird bekräftigt und verstärkt durch den allmächtigen Planeten Neptun an der Spitze des 3. Hauses – die angenommene Linie im Horoskop zwischen den Häusern... Neptun ist ein Symbol für die Energien des 6. Chakras – das ‹dritte Auge› – ... die Macht der Intuition, der inneren Sicht ... völlige Durchdringung... Er ist ein Symbol für die innere Sicht, die wir alle haben – eine hohe, feine Energie, auf die wir uns einstimmen können... Neptun hat Verbindung zu den Augen, mit denen wir unsere Träume sehen – denn wir sehen ja nicht mit den Augen des physischen Leibes, wenn wir träumen – Er hat Verbindung zu unseren Geistesblitzen...

Mit Neptun in Jungfrau könntest du Psychiater oder ein hellsichtiger Heiler werden... Silva Mind Control oder etwas ähnliches, was dich zu deiner Fähigkeit zu heilen führen könnte, wäre einfach für dich – es könnte zu deiner zweiten Natur werden... Und der Dienst am Nächsten hat gleichzeitig für dich gute Auswirkungen, denn er kann dein inneres Verstehen erweitern...

Neptun schlägt eine Brücke vom 2. zum 3. Haus; symbolisch ausgedrückt bedeutet das, daß du aus deinen tiefsten Kraftquellen schöpfst, wenn du deine Vorstellungen der Welt mitteilst...

Du bist von deinem Wesen her ein Dichter... oder ein phantasievoller Künstler...

Waage regiert das 4. Haus

Das 4. Haus ist das natürliche Haus des Krebses ... Die Spitze des 4. Hauses nennt man Nadir – sie zeigt das Sternbild, das bei deiner Geburt genau unter dir stand... gegenüber der Himmelsmitte...

Der Nadir ist ein Symbol für deine Heimat, dein inneres Zentrum... dein Innenleben. Wie das 8. Haus und das 12. Haus ist es eine tiefe geistige Quelle... Waage regiert dein 4. Haus: Tiefe innere

Schönheit! Du bist ein geborener Künstler, empfänglich und einfühlsam...

...mit Jupiter in Waage im 4. Haus

Deine natürlichen Fähigkeiten werden durch Jupiters Anwesenheit in Waage verstärkt – denn, wo Jupiter auch sein mag, strahlt er sehr starke, gute Energie aus, ist mitteilsam und gesellig...Du hast künstlerische Fähigkeiten, zeigst Geschick in menschlichen Beziehungen und in Rechtsangelegenheiten: in allem, was von Venus beherrscht wird. Es liegt immer in dir – Meditation wird dir den Weg zeigen. Alles, was das 4. Haus betrifft, findest du durch Meditation – es ist nicht nötig, außerhalb nach diesen Lehren zu suchen – sie sind in dir...Jupiter im 4. Haus ist ein sehr gutes Zeichen: innerer Reichtum ist dir angeboren...Meditation wird für dich sehr fruchtbar sein...Sie gibt dir den Schlüssel, der alle scheinbaren Widersprüche löst: den Schlüssel zur *Harmonie.*

Jupiter in Opposition zu Uranus

Die rote Linie, die Jupiter und Uranus verbindet, stellt eine ‹Opposition› dar – das bedeutet, daß diese Planeten bei deiner Geburt 180° voneinander entfernt waren...Die herkömmliche Astrologie sagt, daß Oppositionen auf Schwierigkeiten und scheinbare Widersprüche hinweisen...Zu einer Opposition zwischen Jupiter und Uranus und dem 4. und 10. Haus würde die herkömmliche Astrologie sagen, daß es Konflikte zwischen deinem Familienleben und deiner Erfolgslaufbahn gibt und/oder zwischen deinem inneren Werk, deinem Ruhepunkt und deiner weltlichen Tätigkeit, deinem Beruf...

Die Astrologie des Neuen Zeitalters sieht in den sogenannten Oppositionen immer auch Kraftquellen – Oppositionen (und Quadrate) bieten dir wirkliche Entwicklungsmöglichkeiten...sie können den Schmerz darstellen, den man spüren und verstehen muß, bevor sich echtes Verstehen und wahre Freude entwickeln können... Der Schlüssel zu jeder Opposition, zu jedem scheinbaren Widerspruch ist ‹Harmonie›... Finde die vollkommene Ausgewogenheit zwischen deinem Familienleben und deiner Arbeit – es gibt für alles eine Zeit, und in deinem Herzen weißt du, was du tun mußt...

Jupiter im Trigon zu Saturn

Der Planet Saturn – symbolisch die Klugheit, die mit dem Alter wächst – hat in Verbindung zu Jupiter und Uranus eine sehr machtvolle Stellung ... das ist eine andere Lösung für auftauchende Probleme: auf die Klugheit, die du durch Erfahrung erlangst, kannst du dich verlassen... Vielleicht bieten sich Lösungen an, die deine eigenen Vorstellungen davon, wie die Dinge sein *sollten*, zerschlagen... hab Vertrauen...

Skorpion regiert das 5. Haus

Skorpion ist ein Symbol für Umwandlung, ein reiches, tiefes Symbol für die Entwicklung sexueller Energie hin zum Einssein mit der gesamten Schöpfung... Es ist ein mystisches Zeichen, und es ist auch ein sehr physisches Zeichen... Es ist Tantra Yoga... Das 5. Haus ist das natürliche Haus des Löwen, das heißt, daß es schöpferische Kraft, Darstellungskunst, Kinder, Vergnügungen und Geselligkeit symbolisiert – das Verständnis, das du in den inneren Schichten im 4. Haus gewonnen hast, mit der Welt zu teilen...
Was du der Welt zu sagen hast, ist tiefgehend und umgestaltend... Du hast viele Begabungen – zeig sie...

Schütze regiert das 6. Haus

Das 6. Haus geht über das 5. Haus hinaus, setzt die schöpferischen Fähigkeiten des 5. Hauses in die Tat um, das bedeutet, andere zu lieben und ihnen zu dienen... Das 6. Haus ist das natürliche Haus der Jungfrau, es steht für Arbeit, Dienstleistungen und alles, was mit Heilen zu tun hat ... Schütze wird von Jupiter beherrscht, das heißt, überall, wo Schütze regiert, hast du umfangreiche Fähigkeiten und ein natürliches Verständnis ... Bei deiner Arbeit strahlst du, für die anderen spürbar, eine heilende Kraft aus... Du besitzt Heilkräfte...
Liebe, diene und heile.

Steinbock regiert das 7. Haus...

Das 7. Haus, das natürliche Haus der Waage, hat mit Beziehungen zu tun... und Verträgen, Partnerschaften etc. Bei dir regiert Steinbock: nimm deine Beziehungen nicht zu ernst! Und doch besitzt du dort, wo Steinbock regiert, Ausdauer, Können und Einsicht – Beziehungen können für dich (und eigentlich für jeden ungeachtet seines Horoskops) sehr tiefe, wunderbare Lehren beinhalten... dir viel geben, um dich schnell weiterzuentwickeln... dir wirklich helfen...
Es bedeutet auch, daß du geschäftstüchtig bist, wenn du es darauf anlegst... eine echte Begabung, was Verträge und ähnliches anbelangt... Eine partnerschaftliche Geschäftsform würde sich vielleicht lohnen...

...mit Mond & Venus in Wassermann

Mond und Venus im 7. Haus im Wassermann! Wie herrlich! Du hast bestimmt viele wunderbare Wassermannbeziehungen... Wassermann in vielen Variationen: das Neue Zeitalter... Möglichkeiten, die in der Zukunft liegen... immer gehört das Unerwartete dazu, voller Veränderung... da, wo ein Wassermanneinfluß herrscht, werden immer alte Strukturen erschüttert... Vorstellungen davon, wie es sein *sollte*, wie es war, all das löst sich auf im neuen Licht eines tieferen Verständnisses des Wassermanns... Ein neues Zeitalter beginnt, Veränderung findet statt. Es gibt nichts, was man ablehnen darf...jeder ist frei, jeder hat das Recht, genau das zu tun, was sein Herz ihm gebietet...

Stehen Mond und Venus nahe beieinander, im gleichen Zeichen, bedeutet das erhöhtes Einfühlungsvermögen und Gespür... Im Wassermann signalisiert es ein erhöhtes Einfühlungsvermögen für Wassermannwerte und für das Wesen der Veränderung, die stattfindet... Vielleicht bist du unheimlich romantisch und idealistisch – wunderbar! Das Zeitalter des Existentialismus ist tot ... Widme dich deinen höchsten Idealen... Liebe alles... Schuld ist in keiner Beziehung notwendig... Schuld ist überhaupt nicht notwendig...

Du bist ein empfindlicher, wacher Mensch... Du bist ein einzigartiges Wesen, auf deine Weise sehr schöpferisch... Laß es auch zu, so zu sein...

Wassermann regiert das 8. Haus

Das 8. Haus ist das natürliche Haus des Skorpions, umfaßt Beziehungen auf tiefster, mystischer Ebene: Sexualität, Geburt, Tod und Umwandlung... Richtig verstanden bedeutet es, die Schlüssel zur letzten Wirklichkeit in jedem Augenblick des täglichen Lebens zu finden, nichts abzulehnen... Es ist das Haus des Tantra...

Dein 8. Haus regiert der Wassermann, ein hochentwickeltes, weitblickendes Zeichen... Wassermann ist das Zeichen geistiger Nahrung... Dein tiefes Verstehen ist hier... Du kannst zu jeder Zeit lieben... und die Liebe enthält die tiefsten Lehren des Universums...

...Saturn... Saturn steht hier, dein dritter Planet im Wassermann...Saturn gewinnt immer mehr an Stärke, Klarheit und Einsicht mit dem Alter...er ist ein Symbol für die Klugheit, die mit dem Alter wächst...Wenn du älter wirst, wendest du dich mehr und mehr den Wassermannleitbildern zu und einem Wassermannlebensstil...Du bist jemand, der vielleicht mit 84 etwas ganz Neues und Herausforderndes erlebt...

Das Wesen der Veränderung zu begreifen, ist eine gute Meditation für dich – denn die Veränderung mit Freuden anzunehmen, kann für dich ein Schritt zur Befreiung werden...

...& Aufsteigender Mondknoten in Wassermann Dein Aufsteigender Mondknoten, das sogenannte ‹Drachenhaupt›, liegt hier – hier findest du Stärke und Schutz...Deine Stärke ist die Fähigkeit, dich zu ändern...deine Stärke ist das Verständnis, das mit der Erfahrung wächst...

Wassermann! & Fische... Du hast drei Planeten im Wassermann (und das ‹Drachenhaupt›) – das, in Verbindung mit den gleichstarken Fischeeinflüssen, mag sich als Schlüssel zu deinem Horoskop erweisen: dein Beitrag zur Menschheit ist der Schlüssel...durch dein eigenes inneres Wachstum...dadurch, daß du ganz ehrlich mit dir selbst bist und dadurch, daß du andere liebst, ihnen dienst und sie lehrst... Wassermann ist der Menschenfreund, der sich dem Großen Werk verpflichtet; Fische, das ist der Mystiker...der, der das innere Werk vollendet...besinnlich...findet den Schlüssel zu den Wundern des Universums jenseits des täglichen Lebens, jenseits äußerer Aktivität.

Du darfst wirklich zuversichtlich in die Zukunft blicken, wenn dir das liegt...Du darfst so sein, wie du willst...Du bist doch ein vollkommen einzigartiges Wesen...

Merkur, Sonne & Mars in den Fischen

Merkur, Sonne und Mars stehen bei dir nahe beieinander in den Fischen, vom 8. ins 9. Haus – Symbolisch ausgedrückt nehmen sie die inneren Entdeckungen des 8. Hauses und zeigen sie der Welt... Merkur ist die Kraft, die das bewirkt – oder *symbolisiert,* wenn du es lieber so ausdrücken möchtest... Merkur ist der Verbindungsmann der Götter, ein Symbol göttlicher Intelligenz... ein Symbol für die Verbindung zu deinem höheren Ich... In deinen wesentlichsten, innersten Erlebnissen stellst du die Verbindung her... wenn du liebst... meditierst... in jeder Form des Gebets... Dann aber muß diese Verbindung zu einem greifbaren, physischen Ausdruck in dieser Welt führen – daraufhin deuten Mars und Sonne in Konjunktion... Körperschulung zu lehren, das ist genau das Richtige für dich... und/oder Yoga zu lehren – eine sehr körperliche Ausdrucksmöglichkeit... Du bist stark mit deinem Körper verbunden, vielleicht auf eine sehr physische Art, wie es manche Menschen nicht sind ... und du kannst die Menschen anleiten, diese körperliche Verbindung zu finden...

Die Sonne ist ein Symbol für deine Lebenskraft und deine Persönlichkeit in diesem Leben ... Mars ist Symbol für den Ursprung der Schöpfung – er ist zweischneidig: wenn das Ich uneinsichtig wird und sich absondert, kann es zu Kämpfen mit dem Ich kommen und sogar zu Gewalt... wenn man die Marsenergie aber begreift und schöpferisch einsetzt, stellt sie eine ungeheure schöpferische Kraft dar... Umwandlungskraft... Dieses Leben kann eine Zeit unglaublicher Umwandlung werden – ich bin mir ziemlich sicher...

Sonne in Konjunktion mit Mars im 9. Haus in den Fischen: ein sehr reiches, tiefes Symbol – es bringt viele Gedanken mit sich... Das 9. Haus ist das natürliche Haus des Schützen, das Haus des Wachstums, der Ausbreitung in der Außenwelt, das Haus der unbegrenzten Möglichkeiten ... es stellt das Lernen, die Entwicklung, die Erfahrung und die Veränderung dar, die zum 10. Haus führen, dem Haus, das die materielle Ebene, die Erfolgslaufbahn bestimmt ...

Sonne Konjunktion Mars im 9. Haus in den Fischen ...

Sonne Konjunktion Mars im 9. Haus deutet auf ein sehr schöpferisches, mitteilsames Wesen, das sich immer weiterentwickelt, gerne forscht und reist ... Und doch wirken die Planeten durch das Zeichen Fische: das letzte Zeichen, das Zeichen der Mystik, des Jenseits, des Christus ... Es ist das *innerste* Zeichen von allen.

Ich glaube, daß Christus alle 7 alten Planeten (Sonne, Mond, Merkur, Venus, Mars, Jupiter und Saturn) in Konjunktion in den Fischen hatte ... er war wirklich der letzte, größte Fisch ... Er leitete das Fischezeitalter ein, das jetzt zu Ende geht im Morgenlicht des Wassermannzeitalters, das dadurch eingeleitet wird, daß das Licht Christus wieder leuchtet, in uns allen ... Im Wassermannzeitalter ist jeder Avatar, jeder erlebt sein höheres Wesen ... Das Wassermannzeitalter beginnt für jeden, der das in sich selbst entdeckt.

Eine wunderbare
Sternenschöpfung bist du
ein Gefäß gefüllt mit
göttlichem Licht und göttlicher Liebe

Widder beherrscht die Himmelsmitte

Das 10. Haus ist die ‹Himmelsmitte› – bei deiner Geburt direkt über dir ... Manche Astrologen halten sie für genauso wichtig wie Sonne, Mond und Aszendenten ...

Die Himmelsmitte steht für den Erfolg, weltliche Tätigkeiten, Ausführung der Vorstellung auf materieller Ebene... Deine Himmelsmitte wird von Widder regiert (welcher vom *Mars* beherrscht wird): das weist auf ein wandelbares schöpferisches Kraftpotential hin für deine weltlichen Tätigkeiten... Du kannst sehr gut Dinge in Gang bringen... du könntest vielleicht ein Geschäft oder eine Stiftung gründen... du hast viel Kraft für deine Arbeit... bist höchstwahrscheinlich nicht gerade faul... auf jeden Fall solltest du dich viel mehr entspannen... Diese Widderhimmelsmitte mag als harter Kontrast zu all deinen Wassermann- und Fischeeinflüssen erscheinen ... und ist es auch... Sie schafft einen guten Ausgleich... Widder ist der Beginn aller Zeichen – ein Symbol für Wiedergeburt... für schöpferische Energie...

...mit Uranus im Widder im 10. Haus

Ein weiterer Höhepunkt ist Uranus im Widder im 10. Haus... Uranus ist ein Symbol für die Energie des siebten Chakras, das ‹Kronenchakra›, eine ‹Brücke zum Brahma› – der Ort, wo du mit dem ganzen Universum in Verbindung stehst, es erfährst... Uranus herrscht im Wassermann... und wird immer mit explosiver Veränderung, mit Bewegung, mit Erfindungen in Verbindung gebracht ... und damit, alte, starre Verhaltensmuster zu zerschlagen...

Deine weltliche Tätigkeit, deine ‹Karriere› ganz allgemein, wird sicherlich die Überzeugungen einiger Leute ins Wanken bringen... wird sicherlich schöpferisch und vielseitig sein.

Stier regiert das 11. Haus

Stier ist das feste oder erhaltende Erdzeichen, ein Zeichen der Beständigkeit und Standfestigkeit ... es weist oft auf Stärke, Entschlossenheit und Konzentration hin... Das 11. Haus ist das natürliche Haus des Wassermanns, wird mit den Gebieten in Verbindung gebracht, die über die Tätigkeiten auf der materiellen Ebene des 10. Hauses hinausgehen: Leitbilder, Visionen, Träume, Phantasie, Gebet, der Geist des Einsseins der ganzen Menschheit... auch Neuerungen und Entdeckungen... Wenn Stier in diesem Haus herrscht, hast du einen weiteren starken Wassermanneinfluß... laß dich von den Energien, die deinem Wesen eigen sind, treiben...

... mit dem Glückspunkt in den Zwillingen

Auch dein Glückspunkt liegt hier: der Glückspunkt ist ein Zeichen der Zigeuner, das dir zeigen soll, wo dein wahres Glück liegt (deine wahre Befriedigung im Leben, jenseits von Karriere und Arbeit des 10. Hauses...) – so wirst du auch dein wahres Glück in deinen Leitbildern, deinen Visionen und in deiner Vorstellungskraft finden... dein Glückspunkt liegt im 11. Haus, aber auch in den Zwillingen – das bedeutet Mitteilung und Austausch... bedeutet lehren... und schreiben... du gibst dein Wissen an Freunde und Schüler weiter...

Die Zwillinge herrschen über das 12. Haus...

Das vertieft und verstärkt sich durch die Zwillinge, die über dein 12. Haus herrschen... Es ist schwierig, etwas über das 12. Haus zu sagen, weil es, wie Pluto, das Reich der Worte übersteigt ... Vorstellungen, Träume und Wünsche des 11. Hauses übertrifft... es ist ein Symbol des Jenseits... des Absoluten... Der Vollkommenheit ... des Größten... Gottes... des Universums...

... mit Pluto am Aszendenten...

In diesen Bereichen hast du etwas mitzuteilen... etwas, das Worte übersteigt...

OM

Zum Schluß

Folge meinen Gedanken:

Die Kabbalah – jüdische Mystik – gibt uns zahlreiche tiefe Lehren ... Hier ist eine der schönsten, die ich fand. (Vieles erfuhr ich von Israel Regardie, *The Tree of Life*, und aus anderen seiner Bücher. Ich danke ihm für seine Arbeit.) ... Sie gibt der Astrologie und allem, was uns bei unserer Entwicklung und auf unserem Lebensweg hilft, eine ganz neue Perspektive ...

Die Kabbalah befaßt sich mit dem Lebensbaum, mit seinen 10 Stufen oder ‹Sephiroth› ... Der Lebensbaum kann dir viel sagen, wenn du Ohren hast, um zu hören – die Erschaffung des Universums, das Wesen des Verstandes, das Wesen der Wirklichkeit ...

(Folge mir auf dieser Reise, so weit du möchtest ... der einzig wichtige Teil ist das *Ende* ...)

Die Kabbalah sagt, daß am Anfang nichts als Leere war, die Zahl Null, Unendlichkeit ...

Dann tauchte die Eins auf – ein Brennpunkt im unendlichen Raum ... Das ist die erste Sephiroth, die Krone ...

○

Dann offenbart sich das Wesen der Schöpfung, das Wunderwerk im Universum: die Eins wird zur Zwei ... Die zweite und dritte Sephiroth, Vater und Mutter, treten in Erscheinung.

○

○ ○

All das findet auf höchsten geistigen Ebenen statt, auf ganz feine Art und Weise, jenseits jeglicher Beschreibung...

Dann verdichtet sich dieser schöpferische Impuls, wird zum Gedanken...Die Schöpfung wird zum Gedanken...und es gibt sechs Sephiroth...

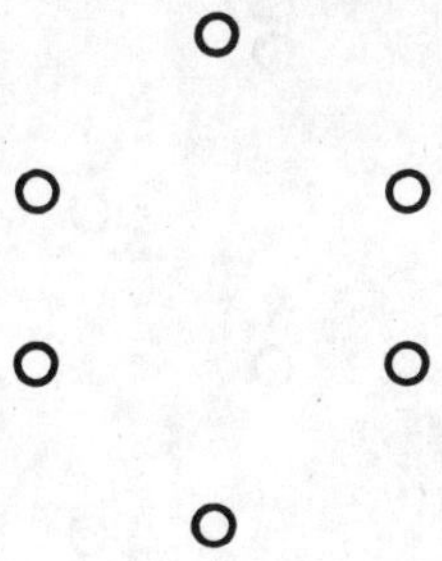

Dann wird der Impuls auf einer noch dichteren Ebene reflektiert, auf der emotionalen Ebene...Die Schöpfung wird zum Gefühl, zum Wunsch...Die astralen Reiche sind geboren...und es gibt neun Sephiroth...

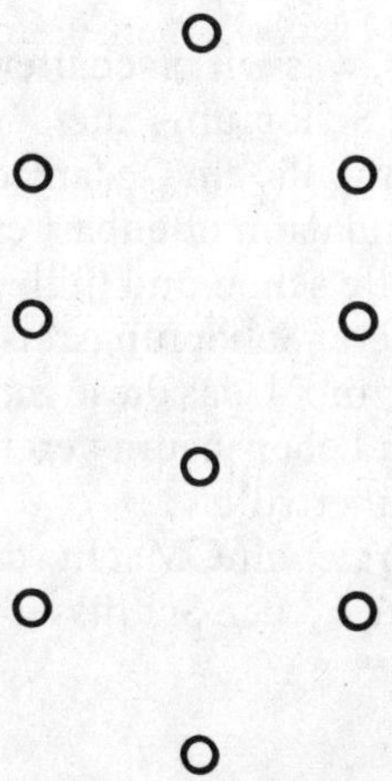

Dann offenbart sich die materielle Ebene...die physische Ebene, die wir sehen, berühren, fühlen können...die 10. Sephiroth wird geboren...

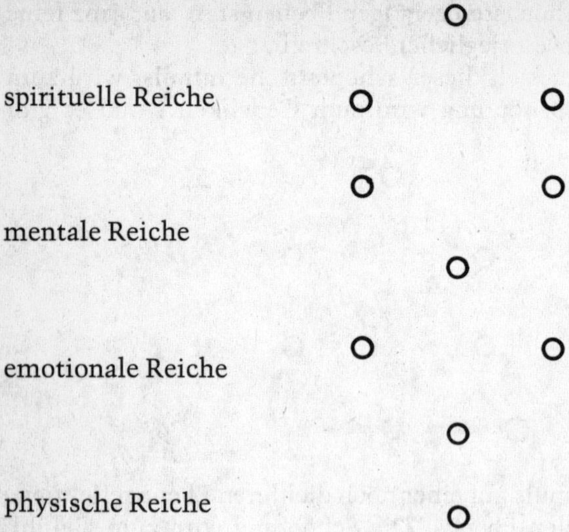

Das zeigt uns, daß alles, was wir erschaffen, dazu gehört auch der Körper und jede andere Schöpfung, zuerst ein spiritueller Impuls ist, dann ein mentaler Impuls, ein Gedanke, dann ein emotionaler Impuls, ein Gefühl – und dann offenbart er sich auf der materiellen Ebene, so daß ihn alle sehen und fühlen können ... Jetzt kommen wir zum Ende unserer Schöpfungsreise ...

Es gibt ein Planetensymbol, das diese ganze Reise umfaßt ... ein Symbol, das den ganzen Lebensbaum vereinigt ...

Ein Planet, der alles übertrifft ...

Ein Planet, eine Energie, eine Macht, die die Schöpfungskraft darstellt, die Kraft Gottes ... den Schlüssel zu den Mysterien ...

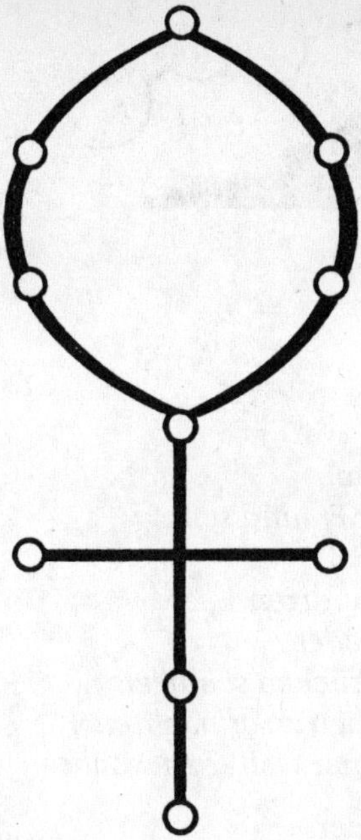

Es ist Venus, die Macht der Liebe.

«Das Ende aller Weisheit ist Liebe, Liebe, Liebe.»
– Sai Baba

«Ich gebe euch ein neues Gesetz:
Liebet einander,
wie ich euch geliebt habe...»
– Ein Prophet und Lehrer
genannt Jesus

An der Schwelle

Wohin wir auch gehen,
Wirst du mein Freund sein
Nichts zwischen uns
Nichts zu verteidigen
Reiß alle Grenzen nieder
Wir müssen Brücken schlagen
Liebe, um unser Lachen zu erleuchten
Liebe, um immer weiter zu wachsen…

Schwestern und Brüder
Werden wir alle sein
Wohin wir auch gehen
Werden wir Freunde im Herzen finden
Ein Neues Zeitalter des Lichts wird geboren
Eine alte, dunkle Zeit stirbt
Mit Liebe, die uns von unserem vergangenen Karma befreit
Ein neues Licht, ein neues Gesetz, ein neues Dharma

Friede…
Friede…

In unseren Herzen
wird ein neues Zeitalter geboren
Wir stehen
an der Schwelle zum neuen Morgen!

– aus *Seeds to the Wind*
von Marcus Allen

Über den Autor

Ich rate jedem Astrologen, sein Horoskop den Büchern oder Artikeln, die er (sie) über Astrologie schreibt, beizufügen. Es hilft wirklich zu erkennen, von wo der Astrologe kommt und in welche Richtung er geht ... Hier ist mein Horoskop – jetzt wird es dir vielleicht eine Menge über mich mitteilen:

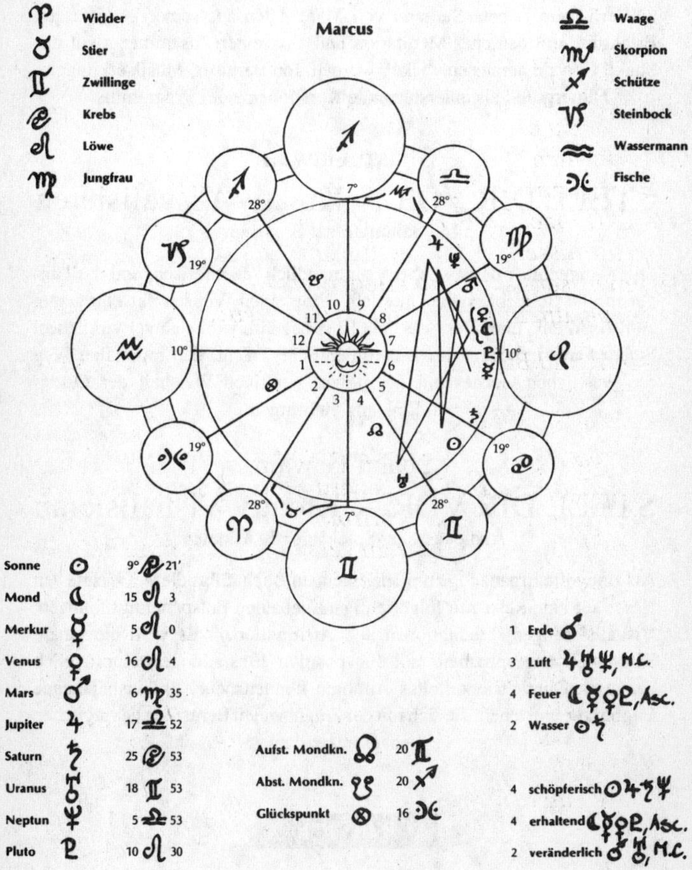